基礎漢文教材 3

懸吐完譯

推句·啓蒙篇

成 百 曉 譯註

推　　　句
啓　蒙　篇
推 句 讀 本
啓蒙篇讀本

傳統文化研究會

譯註者 略歷

忠南 禮山 出生
家庭에서 父親 月山公으로부터 漢文 修學
月谷 黃璟淵, 瑞巖 金熙鎭 先生 師事
民族文化推進會 國譯硏修院 修了
高麗大學校 敎育大學院 漢文敎育科 修了
한국고전번역원 부설 고전번역교육원 名譽漢學敎授(現)
傳統文化硏究會 副會長(前)
해동경사연구소 소장(現)
古典國譯賞 受賞

論文 및 譯書

〈艮齋의 性理說小考〉〈燕岩의 學問思想硏究〉
四書集註 ≪詩經集傳≫ ≪書經集傳≫ ≪周易傳義≫
≪古文眞寶≫ ≪牛溪集≫ 등 數十種 國譯
≪宣祖實錄≫ ≪宋子大全≫ ≪茶山集≫ ≪退溪集≫ 등 共譯

基礎漢文教材를 내면서

우리 전통문화연구회에서는 漢字의 文字體系로 이루어진 東洋古典의 우리말 번역에 착안하고 斯界의 실력자들로 번역진을 구성, 공부하는 사람들의 머리맡에 사전처럼 두고 볼 수 있는 번역서의 간행을 기획하여 이미 ≪論語集註≫, ≪孟子集註≫, ≪大學 · 中庸集註≫ 등을 세상에 내어놓은 바가 있다.

斯界의 重鎭인 成百曉 선생이 心血을 기울여 懸吐完譯한 이 3권으로 된 四書集註의 우리말 번역은 東洋學의 전문학도들은 말할 것도 없고 일반 敎養人들 사이에서도 好評을 받아 지금도 여러 곳에서 東洋哲學入門書로, 또는 漢文敎材로 사용되고 있다.

그런데 四書集註의 普及과 함께 漢文 공부를 위한, 특히 初學 단계에서의 自習을 위한 基礎漢文敎材를 찾는 소리가 높아지고 있어 우리 전통문화연구회에서는 初學者를 위한 漢文敎材의 개발에도 관심을 갖게 되었다.

漢文도 우리 조상들이 한글과 함께 아니 한글보다도 더 오래 사용해온 우리글, 우리문화, 우리말의 일부임을 자각하여 우리말의 語源 및 우리 민족문화의 올바른 파악과 계승을 위해 漢文 공부를 반드시 해야겠다는 생각을 갖는 사람이 漸增하는 가운데 初學者用 漢文敎材 再構成의 필요성은 절실해졌다.

≪註解千字文≫, ≪四字小學≫, ≪推句 · 啓蒙篇≫, ≪童蒙先習 · 擊蒙要訣≫, ≪明心寶鑑≫ 등을 基礎漢文敎材 시리즈로 計劃하였다. 編輯은 讀本에 懸吐하고, 原義에 充實하게 飜譯하였으며, 註를 달고 學習者의 便宜를 위하여 字義를 붙인 체제로 간행하고자 하는 바 이번 시리즈의 번역도 成百曉 先生이 맡아주었다. 틀리지 않게 안심하고 공부할 수 있는 좋은 참고서가 될 것임을 확신하면서 아울러 많은 격려와 忠告의 苦言을 期待하는 바이다.

1998年 1月

社團法人 傳統文化硏究會 會長 李啓晃

이 책에 대하여

이 책은 ≪推句≫와 ≪啓蒙篇≫을 合本하여 漢文의 初學者들이 自習하기 편리하도록 엮은 것이다.

이들 두 책은 우리 先祖들이 일찍부터 이용해 온 兒童敎育用 基礎漢文敎材였다.

≪推句≫는 五言으로 된 좋은 對句들을 뽑아 만들었기 때문에 '抽句'로도 쓰는 바, ≪千字文≫, ≪四字小學≫과 함께 初學들이 가정 먼저 익히는 책이었다. ≪천자문≫은 漢字를 익히는데 주로 이용되고 ≪사자소학≫은 人間의 倫理道德을 강조한 반면, 이 ≪추구≫는 좋은 詩句를 익힘으로써 아이들의 정서 함양과 사고력 발달 및 詩賦의 理解와 문장력 향상에 그 목적이 있었다.

그러나 본서는 ≪사자소학≫의 경우와 마찬가지로 著者가 未詳이고 筆寫本으로만 전래되었으며 필기하는 자의 취향에 따라 文句들을 뽑아 기록하였으므로 世間에 流行하는 諸本은 體裁가 不充實하고 내용 또한 淺近한 것이 없지 않았다.

本人은 일찍부터 兒童用과 初學者의 漢文敎材 開發에 관심을 가져온 바 지난 1989년도에 ≪四字小學≫을 整理 譯刊하였으며, 이번에 그 2차작업으로 本書를 再整理하여 간행하게 된 것이다.

본서를 재구성함에 있어서는 諸本들을 수집, 添削을 가하였으며, 順次에 있어서는 天地自然에 관한 내용을 첫머리에 싣고, 그 다음으로는 人間에 관한 것과 우리가 일상생활함에 있어 항시 접할 수 있는 花朝月夕 등을, 그리고 맨 끝에는 勸學을 강조하는 내용을 실음으로써 勸學意志를 고취하게 하였다.

또한 뒤에 붙인 ≪啓蒙篇≫은 書名 그대로 어린이를 啓導해 주는 책으로서 四字 또는 五言으로 된 ≪千字文≫이나 ≪四字小學≫, ≪推句≫와는 달리 散文을 처음 익히는 입문서라 할 것이다. 내용이 天 · 地 · 物 · 人의 4개 篇으로 論理整然하게 구성되어 있을 뿐만 아니라, 문장 자체가 어린이들이 습득하기 쉽도록 짜여져 있어 初學들에게 부담을 주지 않고 자연스럽게 漢文 문장을 익힐 수 있는 장점이 있다. 이 때문에 일찍부터 兒童用 漢文敎材로 이용되어 왔던 것이다. 다만 著者가 未詳인 것이 흠이나 이 역시 우리 先祖들이 엮은 것이 아닌가 생각된다.

漢文은 우리 先祖들이 수천년 동안 사용해 온 제2의 우리글이라 할 것이다. 어린이들의 基礎漢文 學習은 後日 우리의 語源과 思想을 이해하는 데 필수적 교양이며, 또한 정서를 함양하고 道義思想을 심어주는 좋은 계기가 된다고 확신한다.

이 合本書가 널리 활용됨으로써 어린이들과 初學者의 기초한문실력 향상과 道義思想 鼓吹에 다소나마 도움이 된다면 더 큰 다행이 없겠다.

1992년 壬申 初春에 成百曉는 쓰다.

推　句

하늘 천 높을 고 해 일 달 월 밝을 명 天高日月明 하늘이 높으니 해와 달이 밝고	땅 지 두터울 후 풀 초 나무 목 자랄 생 地厚草木生 땅이 두터우니 풀과 나무가 자라도다.
달 월 날 출 하늘 천 열 개 눈 안 月出天開眼 달이 뜨니 하늘이 눈을 뜬 것이요	뫼 산 높을 고 땅 지 들 거 머리 두 山高地擧頭 산이 높으니 땅이 머리를 든 것이로다.
동녘 동 서녘 서 몇 기 일만 만 마을 리 東西幾萬里 동서는 몇 만리인지 알 수 없고	남녘 남 북녘 북 아니 불 능할 능 잴 척 南北不能尺 남북도 자로 잴 수가 없도다.
하늘 천 가울어질 경 서녘 서 북녘 북 가 변 天傾西北邊 하늘은 서북쪽으로 기울고	땅 지 낮을 비 동녘 동 남녘 남 경계 계 地卑東南界 땅은 동남쪽 경계가 낮도다.
봄 춘 올 래 배나무 리 꽃 화 흰 백 春來梨花白 봄이 오니 배꽃이 하얗고	여름 하 이를 지 나무 수 잎사귀 엽 푸를 청 夏至樹葉靑 여름이 오니 나뭇잎이 푸르도다.
가을 추 서늘할 량 누를 황 국화 국 필 발 秋涼黃菊發 가을이 서늘하니 누런 국화가 피고	겨울 동 찰 한 흰 백 눈 설 올 래 冬寒白雪來 겨울이 추우니 흰 눈이 오도다.
해 일 달 월 일천 천 해 년 거울 경 日月千年鏡 해와 달은 천년의 거울이요	물 강 뫼 산 일만 만 옛 고 병풍 병 江山萬古屛 강산은 만고의 병풍이로다.
동녘 동 서녘 서 해 일 달 월 문 문 東西日月門 동과 서는 해와 달의 문이요	남녘 남 북녘 북 기러기 홍 기러기 안 길 로 南北鴻雁路 남과 북은 기러기의 길이로다.

봄 춘 물 수 가득할 만 넷 사 못 택
春水滿四澤
봄 물은 사방의 못에 가득하고

여름 하 구름 운 많을 다 기이할 기 봉우리 봉
夏雲多奇峯
여름 구름은 기이한 봉우리가 많도다.

가을 추 달 월 드날릴 양 밝을 명 빛날 휘
秋月揚明輝
가을 달은 밝은 빛을 드날리고

겨울 동 고개 령 빼어날 수 외로울 고 소나무 송
冬嶺秀孤松
겨울 산에는 외로운 소나무가 빼어나도다.

해 일 달 월 새장 롱 가운데 중 새 조
日月籠中鳥
해와 달은 새장 속의 새와 같고

하늘 건 땅 곤 물 수 윗 상 부평초 평
乾坤水上萍
하늘과 땅은 물 위의 부평초와 같도다.

흰 백 구름 운 뫼 산 윗 상 일산 개
白雲山上蓋
흰 구름은 산 위의 일산이요

밝을 명 달 월 물 수 가운데 중 구슬 주
明月水中珠
밝은 달은 물 속의 구슬이로다.

달 월 될 위 집 우 집 주 촛불 촉
月爲宇宙燭
달은 우주의 촛불이 되고

바람 풍 될 작 뫼 산 물 하 북 고
風作山河鼓
바람은 산하의 복이 되도다.

달 월 될 위 없을 무 자루 병 부채 선
月爲無柄扇
달은 자루 없는 부채가 되고

별 성 될 작 끊을 절 끈 영 구슬 주
星作絶纓珠
별은 끈이 끊어진 구슬이 되도다.

구름 운 될 작 일천 천 층계 층 봉우리 봉
雲作千層峰
구름은 천 층의 봉우리가 되고

무지개 홍 될 위 일백 백 자 척 다리 교
虹爲百尺橋
무지개는 백 자의 다리가 되도다.

가을 추 잎사귀 엽 서리 상 앞 전 떨어질 락
秋葉霜前落
가을의 나뭇잎은 서리 오기 전에 떨어지고

봄 춘 꽃 화 비 우 뒤 후 붉을 홍
春花雨後紅
봄의 꽃은 비 내린 뒤에 붉도다.

봄 춘	될 작	넷 사	때 시	머리 수	사람 인	될 위	일만 만	물건 물	신령 령
春	作	四	時	首	人	爲	萬	物	靈

봄은 사시의 머리가 되고 사람은 만물의 영장(靈長)이 되도다.

물 수	불 화	나무 목	쇠 금	흙 토	어질 인	의로울 의	예법 례	지혜 지	믿을 신
水	火	木	金	土	仁	義	禮	智	信

수·화·목·금·토를 오행(五行)이라 하고 인·의·예·지·신을 오성(五性)이라 한다.

하늘 천	땅 지	사람 인	셋 삼	재주 재	임금 군	스승 사	아버지 부	하나 일	몸 체
天	地	人	三	才	君	師	父	一	體

하늘·땅·인간을 삼재라 하고 군주와 스승과 부모는 일체이다.

하늘 천	땅 지	될 위	아버지 부	어머니 모	해 일	달 월	같을 사	맏 형	아우 제
天	地	爲	父	母	日	月	似	兄	弟

하늘과 땅은 부모가 되고 해와 달은 형제와 같도다.

남편 부	부인 부	둘 이	성 성	합할 합	맏 형	아우 제	하나 일	기운 기	연할 련
夫	婦	二	姓	合	兄	弟	一	氣	連

부부는 두 성이 합하였고 형제는 한 기운이 연하였도다.

아버지 부	사랑 자	아들 자	마땅 당	효도 효	맏 형	우애할 우	아우 제	또 역	공손 공
父	慈	子	當	孝	兄	友	弟	亦	恭

부모는 사랑하고 자식은 효도해야 하며 형은 우애하고 아우 또한 공손해야 한다.

아버지 부	어머니 모	일천 천	해 년	목숨 수	아들 자	손자 손	일만 만	대 세	영화 영
父	母	千	年	壽	子	孫	萬	世	榮

부모는 천 년의 장소를 기원하고 자손은 만 대의 영화를 기원한다.

사랑할 애	임금 군	바랄 희	길 도	편안할 태	근심할 우	나라 국	원할 원	해 년	풍년 풍
愛	君	希	道	泰	憂	國	願	年	豊

군주를 사랑하여 도가 태평하기를 바라고 나라를 걱정하여 해가 풍년들기를 원한다.

아내 처 어질 현 남편 부 재앙 화 적을 소
妻賢夫禍少
아내가 어질면 남편의 화가 적고

아들 자 효도 효 아버지 부 마음 심 너그러울 관
子孝父心寬
아들이 효도하면 부모의 마음이 너그럽다.

아들 자 효도 효 쌍 쌍 어버이 친 즐거울 락
子孝雙親樂
아들이 효도하면 두 어버이가 즐겁고

집 가 화할 화 일만 만 일 사 이룰 성
家和萬事成
집안이 화목하면 만사가 이루어진다.

생각 사 집 가 맑을 청 밤 소 설 립
思家清宵立
집을 그리워하여 맑은 밤에 서 있고

생각할 억 아우 제 흰 백 날 일 잠잘 면
憶弟白日眠
아우를 생각하여 대낮에 졸고 있다.

집 가 가난할 빈 생각 사 어질 현 아내 처
家貧思賢妻
집이 가난하면 어진 아내를 생각하고

나라 국 어지러울 란 생각 사 어질 량 정승 상
國亂思良相
나라가 어지러우면 어진 재상을 생각한다.

푸를 록 대나무 죽 임금 군 아들 자 절개 절
綠竹君子節
푸른 대나무는 군자의 절개요

푸를 청 소나무 송 어른 장 지아비 부 마음 심
青松丈夫心
푸른 소나무는 대장부의 마음이로다.

사람 인 마음 심 아침 조 저녁 석 변할 변
人心朝夕變
사람의 마음은 아침저녁으로 변하고

뫼 산 빛 색 옛 고 이제 금 한가지 동
山色古今同
산의 색깔은 예나 지금이나 똑같도다.

물 강 뫼 산 일만 만 옛 고 주인 주
江山萬古主
강산은 만고의 주인이요

사람 인 물건 물 일백 백 해 년 손 빈
人物百年賓
사람과 물건은 백년의 손님이로다.

세상 세 일 사 거문고 금 셋 삼 자 척
世事琴三尺
세상 일은 세 자의 거문고로 보내고

날 생 물가 애 술 주 하나 일 잔 배
生涯酒一盃
생애는 술 한 잔으로 보내도다.

뫼 산 고요할 정 같을 사 클 태 옛 고

山靜似太古

산이 고요하니 태고시대와 같고

해 일 긴 장 같을 여 적을 소 해 년

日長如少年

해가 기니 소년과 같도다.

고요할 정 속 리 하늘 건 땅 곤 큰 대

靜裏乾坤大

고요한 속에 하늘과 땅이 큼을 알고

한가할 한 가운데 중 날 일 달 월 긴 장

閒中日月長

한가한 가운데 세월이 긺을 느끼도다.

밭갈 경 밭 전 묻을 매 봄 춘 빛 색

耕田埋春色

밭을 가니 봄빛을 묻고

물길을 급 물 수 말 두 달 월 빛 광

汲水斗月光

물을 길어 오니 달빛도 함께 떠오도다.

서녘 서 정자 정 물 강 윗 상 달 월

西亭江上月

서쪽 정자에는 강 위에 달이 떠오르고

동녘 동 집 각 눈 설 가운데 중 매화 매

東閣雪中梅

동쪽 누각에는 눈 속에 매화가 피었도다.

마실 음 술 주 사람 인 얼굴 안 붉을 적

飮酒人顏赤

술을 마시니 사람의 얼굴이 붉어지고

먹을 식 풀 초 말 마 입 구 푸를 청

食草馬口靑

풀을 먹으니 말의 입이 푸르도다.

흰 백 술 주 붉을 홍 사람 인 얼굴 면

白酒紅人面

흰 술은 사람의 얼굴을 붉게 하고

누를 황 쇠 금 검을 흑 관리 리 마음 심

黃金黑吏心

황금은 관리의 마음을 검게 하도다.

늙을 로 사람 인 붙들 부 지팡이 장 갈 거

老人扶杖去

노인은 지팡이를 짚고 가며

작을 소 아이 아 말탈 기 대나무 죽 올 래

小兒騎竹來

소아는 대나무를 타고 오도다.

사내 남 종 노 질 부 섶 신 갈 거

男奴負薪去

남자 종은 나무섶을 지고 가며

계집 녀 종 비 물길을 급 물 수 올 래

女婢汲水來

여자 종은 물을 길어오도다.

씻을 세 벼루 연 물고기 어 삼킬 탄 먹 묵 洗 硯 魚 呑 墨 벼루를 씻으니 물고기가 먹물을 삼키고	삶을 자 차 다 학 학 피할 피 연기 연 煮 茶 鶴 避 煙 차를 달이니 학이 연기를 피하도다.
소나무 송 될 작 맞을 연 손님 객 일산 개 松 作 延 客 蓋 소나무는 손님을 맞는 일산이 되고	달 월 될 위 읽을 독 글 서 등잔 등 月 爲 讀 書 燈 달은 글 읽는 등불이 되도다.
꽃 화 떨어질 락 사랑할 련 아니 불 쓸 소 花 落 憐 不 掃 꽃이 떨어지니 사랑스러워 쓸지 못하도	달 월 밝을 명 사랑할 애 없을 무 잠잘 면 月 明 愛 無 眠 달이 밝으니 사랑하여 잠이 없도다.
달 월 될 작 구름 운 사이 간 거울 경 月 作 雲 間 鏡 달은 구름 사이의 거울이 되고	바람 풍 될 위 대나무 죽 속 리 거문고 금 風 爲 竹 裡 琴 바람은 대나무 속의 거문고가 되도다.
움겨쥘 국 물 수 달 월 있을 재 손 수 掬 水 月 在 手 두 손으로 물을 움켜쥐니 달이 손 가운데 있고	희롱할 롱 꽃 화 향기 향 가득할 만 옷 의 弄 花 香 滿 衣 꽃을 희롱하니 향기가 옷에 가득하도다.
다섯 오 밤 야 등잔 등 앞 전 낮 주 五 夜 燈 前 晝 오밤중이라도 등잔불 앞은 낮처럼 밝고	여섯 륙 달 월 정자 정 아래 하 가을 추 六 月 亭 下 秋 유월에도 정자 아래는 가을처럼 시원하도다.
해 세 갈 거 사람 인 머리 두 흰 백 歲 去 人 頭 白 세월이 가니 사람의 머리가 희어지고	가을 추 올 래 나무 수 잎사귀 엽 누를 황 秋 來 樹 葉 黃 가을이 오니 나뭇잎이 누렇게 되도다.
비 우 뒤 후 뫼 산 같을 여 목욕할 목 雨 後 山 如 沐 비 온 뒤의 산은 목욕한 듯하고	바람 풍 앞 전 풀 초 같을 사 술취할 취 風 前 草 似 醉 바람 앞의 풀은 술취한 듯하도다.

사람 인 나눌 분 일천 천 마을 리 바깥 외 人分千里外 사람은 천 리 밖에 떨어져 있고	일어날 흥 있을 재 하나 일 잔 배 가운데 중 興在一杯中 흥은 술 한 잔 속에 있도다.
봄 춘 뜻 의 없을 무 나눌 분 다를 별 春意無分別 봄 뜻은 분별이 없으나	사람 인 뜻 정 있을 유 얕을 천 깊을 심 人情有淺深 인간의 정은 깊고 얕음이 있도다.
꽃 화 떨어질 락 써 이 앞 전 봄 춘 花落以前春 꽃이 떨어지기 이전이 봄이요	뫼 산 깊을 심 그러할 연 뒤 후 절 사 山深然後寺 산이 깊은 뒤에야 절이 있도다.
뫼 산 바깥 외 뫼 산 아니 부 다할 진 山外山不盡 산 밖에 산이 있어 산이 다하지 않고	길 로 가운데 중 길 로 없을 무 다할 궁 路中路無窮 길 가운데 길이 있어 길이 다함이 없도다.
해 일 저물 모 푸를 창 뫼 산 멀 원 日暮蒼山遠 날이 저무니 푸른 산이 멀고	하늘 천 찰 한 흰 백 집 옥 가난할 빈 天寒白屋貧 날씨가 추우니 초가집이 쓸쓸하도다.
작을 소 동산 원 꾀꼬리 앵 노래 가 쉴 헐 小園鶯歌歇 작은 정원에는 꾀꼬리 노래 그치고	클 장 문 문 나비 접 춤출 무 많을 다 長門蝶舞多 큰 문에는 나비들 춤이 많도다.
바람 풍 창문 창 등잔 등 쉬울 이 꺼질 멸 風窓燈易滅 바람부는 창문에는 등잔불이 꺼지기 쉽고	달 월 집 옥 꿈 몽 어려울 난 이룰 성 月屋夢難成 달이 비추는 집에는 꿈을 이루기 어렵도다.
해 일 저물 모 닭 계 오를 등 횃대 시 日暮鷄登塒 날이 저무니 닭이 홰에 오르고	하늘 천 찰 한 새 조 들 입 처마 첨 天寒鳥入簷 날씨가 추우니 새들이 처마에 들도다.

들 야 넓을 광 하늘 천 낮을 저 나무 수 野曠天低樹 들이 넓으니 하늘은 나무 위로 낮게 보이고	물 강 맑을 청 달 월 가까울 근 사람 인 江淸月近人 강물이 맑으니 달이 사람을 가까이 하도다.
바람 풍 몰 구 무리 군 날 비 기러기 안 風驅群飛雁 바람은 떼지어 날아가는 기러기를 만들고	달 월 보낼 송 홀로 독 갈 거 배 주 月送獨去舟 달은 홀로 가는 배를 전송하도다.
가늘 세 비 우 못 지 가운데 중 볼 간 細雨池中看 가랑비는 못 가운데서 볼 수 있고	가늘 미 바람 풍 나무 목 끝 말 알 지 微風木末知 산들바람은 나무 끝에서 알 수 있도다.
꽃 화 웃을 소 소리 성 아닐 미 들을 청 花笑聲未聽 꽃은 웃어도 소리는 들리지 않고	새 조 울 제 눈물 루 어려울 난 볼 간 鳥啼淚難看 새는 울어도 눈물을 보기 어렵도다.
흰 백 백로 로 일천 천 점 점 눈 설 白鷺千點雪 흰 백로는 천 점의 눈과 같고	누를 황 꾀꼬리 앵 하나 일 조각 편 쇠 금 黃鶯一片金 누런 꾀꼬리는 한 조각의 황금이로다.
복숭아 도 오얏 리 일천 천 베틀 기 비단 금 桃李千機錦 복숭아꽃과 오얏꽃은 일 천 베틀의 비단이요	물 강 뫼 산 하나 일 그림 화 병풍 병 江山一畫屛 강과 산은 한 폭의 그림병풍이로다.
새 조 잘 숙 못 지 가 변 나무 수 鳥宿池邊樹 새는 못가의 나무에서 잠자고	중 승 두드릴 고 달 월 아래 하 문 문 僧敲月下門 스님은 달빛 아래의 문을 두드리도다.
노 도 뚫을 천 물결 파 밑 저 달 월 棹穿波底月 노는 파도 밑의 달을 뚫고	배 선 누를 압 물 수 가운데 중 하늘 천 船壓水中天 배는 물속에 비친 하늘을 누르도다.

높을 고 뫼 산 흰 백 구름 운 일어날 기 高山白雲起 높은 산에는 흰 구름이 일어나고	평평할 평 언덕 원 꽃다울 방 풀 초 푸를 록 平原芳草綠 평평한 언덕에는 꽃다운 풀이 푸르도다.
물 수 연할 련 하늘 천 한가지 공 푸를 벽 水連天共碧 물은 하늘과 연하여 함께 푸르고	바람 풍 더불 여 달 월 쌍 쌍 맑을 청 風與月雙清 바람은 달과 함께 모두 맑도다.
뫼 산 그림자 영 밀칠 퇴 아니 불 날 출 山影推不出 산 그림자는 밀어내도 나가지 않고	달 월 빛 광 쓸 소 다시 환 날 생 月光掃還生 달 빛은 쓸어도 다시 생기도다.
물 수 새 조 뜰 부 다시 환 잠길 몰 水鳥浮還沒 물새는 떴다가 다시 잠기고	뫼 산 구름 운 끊어질 단 다시 부 연할 련 山雲斷復連 산 구름은 끊겼다가 다시 이어지도다.
달 월 옮길 이 뫼 산 그림자 영 바꿀 개 月移山影改 달이 옮겨가니 산 그림자가 바뀌고	해 일 아래 하 누대 루 흔적 흔 사라질 소 日下樓痕消 해가 지니 누대 흔적이 사라지도다.
하늘 천 긴 장 갈 거 없을 무 잡을 집 天長去無執 하늘이 높으니 가도가도 잡을 수 없고	꽃 화 늙을 로 나비 접 아니 불 올 래 花老蝶不來 꽃이 시드니 나비가 오지 않도다.
처음 초 달 월 장수 장 군사 군 활 궁 初月將軍弓 초생달은 장군의 활과 같고	흐를 류 별 성 장사 장 선비 사 화살 시 流星壯士矢 유성은 장사의 화살과 같도다.
쓸 소 땅 지 누를 황 쇠 금 날 출 掃地黃金出 땅을 쓰니 황금이 나오고	열 개 문 문 일만 만 복 복 올 래 開門萬福來 문을 여니 만복이 오도다.

새 조 쫓을 축 꽃 화 사이 간 나비 접 **鳥逐花間蝶** 새는 꽃 사이의 나비를 쫓고	닭 계 다툴 쟁 풀 초 가운데 중 벌레 충 **鷄爭草中蟲** 닭은 풀 속의 벌레를 다투도다.
새 조 지저귈 훤 뱀 사 오를 등 나무 수 **鳥喧蛇登樹** 새가 지저귀니 뱀이 나무에 오르고	개 견 개짖을 폐 손님 객 이를 도 문 문 **犬吠客到門** 개가 짖어대니 손님이 문에 이르도다.
높을 고 봉우리 봉 버틸 탱 하늘 천 설 립 **高峯撐天立** 높은 산봉우리는 하늘을 버티고 서 있고	긴 장 물 강 벨 할 땅 지 갈 거 **長江割地去** 긴 강은 땅을 가르며 흘러 가도다.
푸를 벽 바다 해 누를 황 용 룡 집 택 **碧海黃龍宅** 푸른 바다는 황룡의 집이요	푸를 청 소나무 송 흰 백 학 학 누대 루 **青松白鶴樓** 푸른 소나무는 백학의 누대로다.
달 월 이를 도 오동 오 오동 동 윗 상 **月到梧桐上** 달은 오동나무 위에 이르고	바람 풍 올 래 버들 양 버들 류 가 변 **風來楊柳邊** 바람은 버드나무 가에 오도다.
무리 군 별 성 진칠 진 푸를 벽 하늘 천 **群星陣碧天** 뭇 별들은 푸른 하늘에 진을 치고	떨어질 락 잎사귀 엽 싸울 전 가을 추 뫼 산 **落葉戰秋山** 떨어지는 잎들은 가을 산에 싸우도다.
잠길 잠 물고기 어 뛸 약 맑을 청 물결 파 **潛魚躍清波** 잠겨 있는 물고기는 맑은 물결에서 뛰놀고	아름다울 호 새 조 울 명 높을 고 가지 지 **好鳥鳴高枝** 아름다운 새는 높은 가지에서 울도다.
비 우 뒤 후 시내 간 날 생 비파 슬 **雨後澗生瑟** 비온 뒤에 시내는 비파소리를 내고	바람 풍 앞 전 소나무 송 아뢸 주 거문고 금 **風前松奏琴** 바람 앞에 소나무는 거문고를 연주하도다.

말 마 다닐 행 일천 천 마을 리 길 로 馬行千里路 말은 천 리 길을 가고	소 우 밭갈 경 일백 백 밭이랑 무 밭 전 牛耕百畝田 소는 백 무의 밭을 갈도다.
말 마 다닐 행 망아지 구 따를 수 뒤 후 馬行駒隨後 말이 가니 망아지가 뒤를 따르고	소 우 밭갈 경 송아지 독 누울 와 언덕 원 牛耕犢臥原 소가 밭가니 송아지는 들판에 누워 있도다.
개 구 달릴 주 매화 매 꽃 화 떨어질 락 狗走梅花落 개가 달려가니 매화꽃이 떨어지고	닭 계 다닐 행 대나무 죽 잎사귀 엽 이룰 성 鷄行竹葉成 닭이 걸어가니 대나무 잎이 이루어지도다.
대나무 죽 죽순 순 누를 황 송아지 독 뿔 각 竹筍黃犢角 대나무순은 누런 송아지의 뿔과 같고	고사리 궐 싹 아 작을 소 아이 아 주먹 권 蕨芽小兒拳 고사리순은 소아의 주먹과 같도다.
하늘 천 맑을 청 하나 일 기러기 안 멀 원 天清一雁遠 하늘이 맑은데 한 기러기 멀리 날아가고	바다 해 넓을 활 외로울 고 돛 범 더딜 지 海闊孤帆遲 바다가 너른데 외로운 배 느리게 가도다.
꽃 화 필 발 글월 문 문장 장 나무 수 花發文章樹 꽃은 문장나무에 피고	달 월 날 출 장사 장 으뜸 원 봉우리 봉 月出壯元峰 달은 장원봉에 나오도다.
버들 류 빛 색 누를 황 쇠 금 고울 눈 柳色黃金嫩 버드나무 빛깔은 황금처럼 곱고	배나무 리 꽃 화 흰 백 눈 설 향기 향 梨花白雪香 배꽃은 백설처럼 향기롭도다.
푸를 록 물 수 갈매기 구 앞 전 거울 경 綠水鷗前鏡 푸른 물은 갈매기 앞의 거울이요	푸를 청 소나무 송 학 학 뒤 후 병풍 병 靑松鶴後屛 푸른 소나무는 학 뒤의 병풍이로다.

비 우 / 갈 마 / 창포 창 / 부들 포 / 칼 도

雨磨菖蒲刀

비는 창포의 칼을 갈고

바람 풍 / 빗질할 소 / 버들 양 / 버들 류 / 터럭 발

風梳楊柳髮

바람은 버들의 머리칼을 빗질하도다.

오리 부 / 갈 경 / 푸를 창 / 바다 해 / 갈 거

鳧耕蒼海去

오리는 푸른 바다를 갈고 가며

백로 로 / 벨 할 / 푸를 청 / 뫼 산 / 올 래

鷺割青山來

백로는 푸른 산을 가르고 오도다.

꽃 화 / 붉을 홍 / 누를 황 / 벌 봉 / 시끄러울 뇨

花紅黃蜂鬧

꽃이 붉으니 노란 벌들이 시끄럽고

풀 초 / 푸를 록 / 흰 백 / 말 마 / 울 시

草綠白馬嘶

풀이 푸르니 백마가 울도다

뫼 산 / 비 우 / 밤 야 / 울 명 / 대나무 죽

山雨夜鳴竹

산 비는 밤에 대나무를 울리고

풀 초 / 벌레 충 / 가을 추 / 들 입 / 평상 상

草蟲秋入牀

풀벌레들은 가을에 상 밑으로 들어오도다.

멀 원 / 물 수 / 연할 련 / 하늘 천 / 푸를 벽

遠水連天碧

아득한 물은 하늘을 연하여 푸르고

서리 상 / 단풍 풍 / 향할 향 / 해 일 / 붉을 홍

霜楓向日紅

서리 맞은 단풍은 해를 향해 붉도다.

뫼 산 / 토할 토 / 외로울 고 / 수레바퀴 륜 / 달 월

山吐孤輪月

산은 외로운 둥근 달을 토해내고

물 강 / 머금을 함 / 일만 만 / 마을 리 / 바람 풍

江含萬里風

강은 만 리의 바람을 머금었도다.

이슬 로 / 엉길 응 / 일천 천 / 조각 편 / 구슬 옥

露凝千片玉

이슬이 맺히니 천 조각의 구슬이요

국화 국 / 흩어질 산 / 하나 일 / 떨기 총 / 쇠 금

菊散一叢金

국화가 흩어지니 한 떨기의 황금이로다.

흰 백 / 나비 접 / 어지러울 분 / 어지러울 분 / 눈 설

白蝶紛紛雪

흰 나비는 흩날리는 눈과 같고

누를 황 / 꾀꼬리 앵 / 조각 편 / 조각 편 / 쇠 금

黃鶯片片金

누런 꾀꼬리는 조각조각의 황금이로다.

골짜기 동 깊을 심 꽃 화 뜻 의 게으를 라(란) 洞深花意懶 골짜기가 깊으니 꽃피려는 뜻이 게으르고	뫼 산 거듭 첩 물 수 소리 성 그윽할 유 山疊水聲幽 산이 깊으니 물소리가 그윽하도다.
얼음 빙 풀릴 해 물고기 어 처음 초 뛸 약 氷解魚初躍 얼음이 풀리니 고기가 처음 뛰놀고	바람 풍 화할 화 기러기 안 하고자할 욕 돌아갈 귀 風和雁欲歸 바람이 온화하니 기러기가 돌아가려 하도다.
수풀 림 바람 풍 서늘할 량 아니 부 끊을 절 林風涼不絶 수풀 사이에 바람은 시원함이 끊기지 않고	뫼 산 달 월 새벽 효 인할 잉 밝을 명 山月曉仍明 산에 걸려 있는 달은 새벽에 그대로 밝도다.
대나무 죽 죽순 순 뾰족할 첨 같을 여 붓 필 竹筍尖如筆 대나무 순은 뾰족함이 붓과 같고	소나무 송 잎사귀 엽 가늘 세 같을 사 바늘 침 松葉細似針 솔잎은 가늚이 바늘과 같도다.
물고기 어 희롱할 희 새 신 연꽃 하 움직일 동 魚戲新荷動 물고기가 희롱하니 새 연꽃이 움직이고	새 조 흩어질 산 남을 여 꽃 화 떨어질 락 鳥散餘花落 새가 흩어지니 남은 꽃이 떨어지도다.
거문고 금 젖을 윤 줄 현 오히려 유 소리 향 琴潤絃猶響 거문고가 젖어도 줄은 그대로 소리가 나고	화로 로 찰 한 불 화 오히려 상 있을 존 爐寒火尙存 화로가 차가워도 불은 그대로 남아 있도다.
봄 춘 북녘 북 가을 추 남녘 남 기러기 안 春北秋南雁 봄엔 북쪽, 가을엔 남쪽에 있는 것은 기러기요	아침 조 서녘 서 저물 모 동녘 동 무지개 홍 朝西暮東虹 아침엔 서쪽, 저녁엔 동쪽인 것은 무지개로다.
버들 류 장막 막 꾀꼬리 앵 될 위 손님 객 柳幕鶯爲客 버드나무 장막에는 꾀꼬리가 손님이 되고	꽃 화 방 방 나비 접 될 작 신랑 랑 花房蝶作郎 꽃집에는 나비가 신랑이 되도다.

해 일 빛날 화 내 천 윗 상 움직일 동 日華川上動 햇빛은 냇물 위에 움직이고	바람 풍 빛 광 풀 초 사이 제 뜰 부 風光草際浮 바람 빛은 풀 위에 떠 있도다.
밝을 명 달 월 소나무 송 사이 간 비칠 조 明月松間照 밝은 달은 소나무 사이로 비추고	맑을 청 샘 천 돌 석 윗 상 흐를 류 淸泉石上流 맑은 샘물은 돌 위로 흐르도다.
푸를 청 소나무 송 낄 협 길 로 자랄 생 靑松夾路生 푸른 소나무는 길을 끼고 자라고	흰 백 구름 운 머무를 숙 처마 첨 끝 단 白雲宿簷端 흰 구름은 처마 끝에 머물도다.
연꽃 하 바람 풍 보낼 송 향기 향 기운 기 荷風送香氣 연꽃 바람은 향기를 보내오고	대나무 죽 이슬 로 떨어질 적 맑을 청 소리 향 竹露滴淸響 대나무 이슬은 맑은 소리를 내며 떨어지도다.
골짜기 곡 곧을 직 바람 풍 올 래 급할 급 谷直風來急 골짜기가 곧으니 바람 불어옴이 급하고	뫼 산 높을 고 달 월 윗 상 더딜 지 山高月上遲 산이 높으니 달 떠오름이 더디도다.
귀뚜라미 실 귀뚜라미 솔 울 명 골짜기 동 방 방 蟋蟀鳴洞房 귀뚜라미는 골방에서 울고	오동 오 오동 동 떨어질 락 쇠 금 우물 정 梧桐落金井 오동잎은 가을 우물에 떨어지도다.
뫼 산 높을 고 소나무 송 아래 하 설 립 山高松下立 산이 높아도 소나무 아래에 서 있고	물 강 깊을 심 모래 사 윗 상 흐를 류 江深沙上流 강이 깊어도 모래 위에 흐르도다.
꽃 화 열 개 어제 작 밤 야 비 우 花開昨夜雨 꽃이 어젯밤 비에 피었다가	꽃 화 떨어질 락 이제 금 아침 조 바람 풍 花落今朝風 꽃이 오늘 아침 바람에 떨어지도다.

큰 대 가물 한 얻을 득 달 감 비 우 **大旱得甘雨** 큰 가뭄에 단비를 얻고,	다를 타 시골 향 만날 봉 옛 고 사람 인 **他鄉逢故人** 타향에서 옛 친구를 만났도다.
그림 화 범 호 어려울 난 그림 화 뼈 골 **畫虎難畫骨** 호랑이는 그려도 뼈는 그리기 어렵고	알 지 사람 인 아닐 미 알 지 마음 심 **知人未知心** 사람은 알아도 그 마음은 알 수가 없도다.
물 수 갈 거 아니 불 다시 부 돌아올 회 **水去不復回** 물은 한 번 흘러가면 다시 돌아오지 않고	말씀 언 날 출 어려울 난 다시 갱 거둘 수 **言出難更收** 말은 한 번 나오면 다시 거두기 어렵다.
배울 학 글월 문 일천 천 해 재 보배 보 **學文千載寶** 글을 배우면 천 년의 보배가 되고	탐할 탐 물건 물 하나 일 아침 조 티끌 진 **貪物一朝塵** 물건을 탐하면 하루아침의 티끌이 되도다.
글월 문 글 장 오얏 리 클 태 흰 백 **文章李太白** 문장은 이태백이요	붓 필 법 법 임금 왕 복희 희 갈 지 **筆法王羲之** 필법은 왕희지로다.
하나 일 날 일 아니 부 읽을 독 글 서 **一日不讀書** 하루라도 글을 읽지 않으면	입 구 가운데 중 날 생 가시 형 가시 극 **口中生荊棘** 입 안에 가시가 생기도다.
꽃 화 있을 유 거듭 중 열 개 날 일 **花有重開日** 꽃은 다시 필 날이 있어도	사람 인 없을 무 다시 갱 적을 소 해 년 **人無更少年** 사람은 다시 소년이 될 수 없도다.
흰 백 날 일 말 막 빌 허 보낼 송 **白日莫虛送** 대낮을 헛되이 보내지 말라	푸를 청 봄 춘 아니 부 두번 재 올 래 **青春不再來** 청춘은 두 번 오지 않느니라.

啓 蒙 篇

啓 蒙 篇

〈首 篇〉

上有天하고 下有地하니 天地之間에 有人焉하고 有萬物焉하니 日月星辰者는 天之所係也요 江海山嶽者는 地之所載也요 父子君臣夫婦長幼朋友者는 人之大倫也니라

위에는 하늘이 있고 아래에는 땅이 있다. 하늘과 땅 사이에 사람이 있고 만물이 있으니, 해·달·별은 하늘에 매여 있고, 강·바다·산악은 땅에 실려 있으며, 부자·군신·부부·장유·붕우는 사람의 큰 윤리(倫理)이다.

以東西南北으로 定天地之方하고 以青黃赤白黑으로 定物之色하고 以酸鹹辛甘苦로 定物之味하고 以宮商角徵(치)羽로 定物之聲하고

啓 : 열 계 蒙 : 어릴 몽 篇 : 책 편 首 : 머리 수 焉 : 어조사 언 星 : 별 성
辰 : 별 신(진) 係 : 맬 계 江 : 물 강 海 : 바다 해 嶽 : 묏부리 악(岳과 同)
載 : 실을 재 長 : 어른 장 幼 : 어릴 유 朋 : 벗 붕 倫 : 인륜 륜
定 : 정할 정 方 : 방위 방 青 : 푸를 청 赤 : 붉을 적 黑 : 검을 흑
色 : 빛 색 酸 : 실 산 鹹 : 짤 함 辛 : 매울 신 甘 : 달 감 苦 : 쓸 고
味 : 맛 미 宮 : 소리이름 궁, 집 궁 商 : 쇠소리 상, 장사 상
角 : 소리 각, 뿔 각 徵 : 소리 치, 부를 징 羽 : 소리 우, 깃 우 聲 : 소리 성

以一二三四五六七八九十百千萬億으로 總物之數니라

동·서·남·북으로써 천지의 방위(方位)를 정하고, 청·황·적·백·흑으로써 물건의 색깔을 정하고, 신맛·짠맛·매운맛·단맛·쓴맛으로써 물건의 맛을 정하고, 궁(宮)·상(商)·각(角)·치(徵)·우(羽)로써 물건의 소리를 정하며, 일·이·삼·사·오·육·칠·팔·구·십·백·천·만·억으로써 물건의 수(數)를 다한다.

右는 首篇이라

이상은 머리 편이다.

〈天 篇〉

日出於東方하여 入於西方하니 日出則爲晝요 日入則爲夜니 夜則月星이 著見(현)焉하나니라

해는 동쪽에서 나와 서쪽으로 들어간다. 해가 나오면 낮이 되고 해가 들어가면 밤이 되니, 밤에는 달과 별이 나타난다.

天有緯星하니 金木水火土五星이 是也요 有經星하니 角亢氐房心尾箕, 斗牛女虛

億:억 억 總:다할 총 爲:될 위, 할 위 晝:낮 주 夜:밤 야 著:나타날 저
見:나타날 현 緯:가로 위 亢:높을 항 氐:뿌리 저 房:방 방
尾:꼬리 미 箕:키 기 虛:빌 허

危室壁, 奎婁胃昴畢觜參, 井鬼柳星張翼軫二十八宿(수)가 **是也**니라

하늘에는 위성(緯星)이 있으니 금성·목성·수성·화성·토성의 다섯 별이 이것이요, 또 경성(經星)이 있으니 각수(角宿)·항수(亢宿)·저수(氐宿)·방수(房宿)·심수(心宿)·미수(尾宿)·기수(箕宿), 두수(斗宿)·우수(牛宿)·여수(女宿)·허수(虛宿)·위수(危宿)·실수(室宿)·벽수(壁宿), 규수(奎宿)·누수(婁宿)·위수(胃宿)·묘수(昴宿)·필수(畢宿)·자수(觜宿)·삼수(參宿), 정수(井宿)·귀수(鬼宿)·유수(柳宿)·성수(星宿)·장수(張宿)·익수(翼宿)·진수(軫宿)의 이십팔수(二十八宿)가 이것이다.

一晝夜之內에 **有十二時**하니 **十二時 會而爲一日**하고 **三十日**이 **會而爲一月**하고 **十有二月**이 **合而成一歲**니라 **月或有小月**하니 **小月則二十九日**이 **爲一月**이요 **歲或有閏月**하니 **有閏則十三月**이 **成一歲**니라

한 낮과 밤의 안에 12시(時)가 있으니, 12시가 모여 하루가 되고, 30일(日)이 모여 한 달이 되고, 열두 달이 모여 1년(年)을 이룬다. 달에는 혹 작은 달이 있으니 작은 달은 29일이 한 달이 되고, 해에는 혹 윤달〔閏月〕이 있으니 윤달이 있으면 13월이 1년이 된다.

十二時者는 **卽地之十二支也**니 **所謂十**

危 : 위태로울 위　室 : 집 실　壁 : 벽 벽　奎 : 별 규　婁 : 끌 구　胃 : 밥통 위
昴 : 별 묘　畢 : 다할 필　觜 : 별이름 자　參 : 석 삼　井 : 우물 정
鬼 : 귀신 귀　柳 : 버들 류　張 : 베풀 장　翼 : 날개 익　軫 : 진중할 진
宿 : 별 수, 잘 숙,　閏 : 윤달 윤　支 : 지탱할지　謂 : 이를 위

二支者는 子丑寅卯辰巳午未申酉戌亥[1]也요 天有十干하니 所謂十干者는 甲乙丙丁戊己庚辛壬癸[2]也니라

12시란 곧 땅의 십이지(十二支)이니, 이른바 십이지란 자・축・인・묘・진・사・오・미・신・유・술・해이고, 하늘에는 십간(十干)이 있으니, 이른바 십간이란 갑・을・병・정・무・기・경・신・임・계이다.

역주 1) 子丑寅卯辰巳午未申酉戌亥 : 연지(年支)와 방위・시간에 사용되는 바, 시간에 있어서는 0시는 자정(子正). 1시는 축초(丑初), 2시는 축정(丑正), 3시는 인초(寅初), 4시는 인정(寅正), 5시는 묘초(卯初), 6시는 묘정(卯正), 7시는 진초(辰初), 8시는 진정(辰正), 9시는 사초(巳初), 10시는 사정(巳正), 11시는 오초(午初), 12시는 오정(午正 : 정오)의 순서로 된다. 연지에 있어서는 띠로 구분하여 자는 쥐, 축은 소, 인은 범, 묘는 토끼, 진은 용, 사는 뱀, 오는 말, 미는 양, 신은 원숭이, 유는 닭, 술은 개, 해는 돼지이며, 방위에 있어서는 자는 북, 오는 남, 묘는 동, 유는 서로 구분된다.

2) 甲乙丙丁戊己庚辛壬癸 : 이것을 오행(五行)과 방위에 소속시키면, 갑을은 동방 목(東方木), 병정은 남방 화(南方火), 무기는 중앙 토(中央土), 경신은 서방 금(西方金), 임계는 북방 수(北方水)에 해당한다.

天之十干이 與地之十二支로 相合而爲六十甲子하니 所謂六十甲子者는 甲子乙丑丙寅丁卯로 至壬戌癸亥가 是也니라

하늘의 십간(十干)이 땅의 십이지(十二支)와 서로 합하여 육십갑자(六十甲子)가 되니, 이른바 육십갑자란 갑자・을축・병인・정묘로부터 임술・계해에 이르기까지가 이것이다.

丑 : 소 축　寅 : 동방 인　卯 : 토끼 묘　辰 : 별 진　巳 : 뱀 사　午 : 낮 오
未 : 아닐 미　申 : 원숭이 신　酉 : 닭 유　戌 : 개 술　亥 : 돼지 해　干 : 방패 간
甲 : 갑옷 갑　乙 : 새을　丙 : 남녘 병　丁 : 장정 정　戊 : 별 무
己 : 몸 기　庚 : 서방 경　壬 : 북방 임　癸 : 북방 계

十有二月者는 自正月二月로 至十二月也라 一歲之中에 亦有四時하니 四時者는 春夏秋冬이 是也니라

열두 달이란 정월·2월로부터 12월까지이다. 1년 중에 또 사시(四時)가 있으니, 사시란 춘(春)·하(夏)·추(秋)·동(冬)이 이것이다.

以十二月로 分屬於四時하니 正月二月三月은 屬之於春하고 四月五月六月은 屬之於夏하고 七月八月九月은 屬之於秋하고 十月十一月十二月은 屬之於冬하니 晝長夜短而天地之氣大暑면 則爲夏하고 夜長晝短而天地之氣大寒이면 則爲冬이니 春秋則晝夜長短이 平均하되 而春氣는 微溫하고 秋氣는 微涼이니라

열두 달을 사시(四時)로 나누어 소속시키니, 정월·2월·3월은 봄에 속하고, 4월·5월·6월은 여름에 속하고, 7월·8월·9월은 가을에 속하고, 10월·11월·12월은 겨울에 속한다. 낮이 길고 밤이 짧으면서 천지의 기운이 매우 더우면 여름이 되고, 밤이 길고 낮이 짧으면서 천지의 기운이 매우 추우면 겨울이 된다. 봄과 가을에는 낮과 밤의 길고 짧음이 똑같은데, 봄 기운은 조금 따뜻하고 가을 기운은 조금 서늘하다.

春：봄 춘　夏：여름 하　秋：가을 추　冬：겨울 동　分：나눌 분
屬：붙일 속　短：짧을 단　暑：더울 서　爲：될 위　均：고를 균
微：작을 미　溫：따뜻할 온　涼：서늘할 량

春三月盡이면 **則爲夏**하고 **夏三月盡**이면 **則爲秋**하고 **秋三月盡**이면 **則爲冬**하고 **冬三月盡**이면 **則復爲春**이니 **四時相代而歲功成焉**이니라

봄의 석 달이 다하면 여름이 되고, 여름 석 달이 다하면 가을이 되고, 가을 석 달이 다하면 겨울이 되고, 겨울 석 달이 다하면 다시 봄이 되니, 사시(四時)가 서로 교대하여 1년의 공(功)이 이루어진다.

春則萬物始生하고 **夏則萬物長養**하고 **秋則萬物成熟**하고 **冬則萬物閉藏**하나니 **然則萬物之所以生長收藏**이 **無非四時之功也**니라

봄에는 만물이 비로소 나오고, 여름에는 만물이 자라고, 가을에는 만물이 성숙하고, 겨울에는 만물이 감추어진다. 그렇다면 만물이 나고 자라며, 거두고 감추는 것이 사시(四時)의 공(功)이 아닌 것이 없는 것이다.

右는 **天篇**이라

이상은 하늘에 대한 편이다.

〈天 篇〉

地之高處便爲山이요 **地之低處便爲水**니

盡：다할 진 復：다시 부 代：대신할 대 功공 공 焉：어조사 언
長：기를 장, 자랄 장 養：기를 양 熟：익을 숙 閉：닫을 폐 藏：감출 장
高：높을 고 處：곳 처 便：문득 변, 곧 변 低：낮을 저

水之小者를 謂川이요 水之大者를 謂江이요 山之卑者를 謂丘요 山之峻者를 謂岡이라

땅의 높은 곳이 곧 산이요, 땅의 낮은 곳이 곧 물이다. 물의 작은 것을 냇물이라 하고 물의 큰 것을 강이라 하며, 산의 낮은 것을 언덕이라 하고 산의 높은 것을 산등성이라 한다.

天下之山이 莫大於五嶽하니 五嶽者는 泰山嵩山衡山恒山華山也요 天下之水가 莫大於四海하니 四海者는 東海西海南海北海也니라

천하의 산이 오악(五嶽)보다 더 큰 것이 없으니, 오악은 태산・숭산・형산・항산・화산이요, 천하의 물이 사해(四海)보다 더 큰 것이 없으니, 사해는 동해・서해・남해・북해이다.

山海之氣가 上與天氣相交면 則興雲霧하고 降雨雪하며 爲霜露하고 生風雷니라

산과 바다의 기운이 올라가 하늘의 기운과 서로 사귀면, 구름과 안개를 일으키고 비와 눈을 내리며, 서리와 이슬이 되고 바람과 우레를 발생한다.

暑氣蒸鬱이면 則油然而作雲하여 沛然而下

川：내 천　卑：낮을 비　丘：언덕 구　峻：높을 준　岡：뫼 강, 산등성이 강
嶽：묏부리 악　泰：클 태　嵩：높을 숭　衡：저울대 형　恒：항상 항
華：빛날 화　上：오를 상, 윗 상　交：사귈 교　興：일어날 흥　雲：구름 운
霧：안개 무　降：내릴 강　雪：눈 설　霜：서리 상　露：이슬 로
風：바람 풍　雷：우뢰 뢰　暑：더울 서　蒸：찔 증　鬱：막힐 울
油：기름 유　作：일어날 작, 지을 작　沛：비 쏟아질 패　下：내릴 하, 아래 하

雨하고 寒氣陰凝이면 則露結而爲霜하고 雨凝而成雪이라 故로 春夏에 多雨露하고 秋冬에 多霜雪하니 變化莫測者는 風雷也니라

더운 기운이 쪄서 뭉치면 유연히 구름을 일으켜 패연히 비를 내리고, 찬 기운이 추워져 응결되면 이슬이 맺혀 서리가 되고, 비가 엉기어 눈을 이룬다. 이 때문에 봄과 여름에는 비와 이슬이 많고, 가을과 겨울에는 서리와 눈이 많으니, 변화를 헤아릴 수 없는 것은 바람과 우레이다.

古之聖王이 畫野分地하여 建邦設都하시니 四海之內에 其國有萬이요 而一國之中에 各置州郡焉하고 州郡之中에 各分鄕井焉하며 爲城郭하여 以禦寇하고 爲宮室하여 以處人하고 爲耒耜하여 教民耕稼하고 爲釜甑하여 教民火食하고 作舟車하여 以通道路하시니라

옛날의 성왕(聖王)이 들판을 구획하고 땅을 나누어 나라를 세우고 도읍을 설치하였으니, 사해(四海)의 안에 그 나라가 만 개가 이는데, 한 나라 가운데에 각각 주(州)와 군(郡)을 설치하고, 주와 군의 가운데에 각각 향(鄕)과 정(井)을 나누며, 성곽을 만들어 도적을 막고, 궁실을 만들어 사람들을 거처하게 하고, 쟁기의 보

寒：찰 한　陰：그늘 음　凝：엉길 응　變：변할 변　化：될 화　莫：없을 막
測：헤아릴 측　畫：그을 획　野：들 야　建：세울 건　邦：나라 방　設：베풀 설
都：도읍 도　置：둘 치　州：고을 주　郡：고을 군　鄕：시골 향　井：우물 정
城：재 성　郭：성 곽　禦：막을 어　寇：도적 구　宮：집 궁　室：집 실
耒：쟁기자루 뢰　耜：보습 사　耕：밭갈 경　稼：심을 가　釜：가마솥 부
甑：시루 증　舟：배 주　車：수레 거　通：통할 통　道：길 도　路：길 로

습을 만들어 백성들에게 밭 갈고 곡식 심는 것을 가르치고, 가마솥과 시루를 만들어 백성들에게 불로 밥을 지어 먹는 것을 가르치고, 배와 수레를 만들어 도로를 통하게 하셨다.

金木水火土 在天에 爲五星이요 在地에 爲五行이니 金은 以爲器하고 木은 以爲宮하고 穀生於土하여 取水火爲飮食하니 則凡人日用之物이 無非五行之物也니라

금·목·수·화·토가 하늘에 있으면 오성(五星)이 되고, 땅에 있으면 오행(五行)이 되니, 쇠는 그릇을 만들고, 나무는 집을 만들고, 곡식은 흙에서 나와 물과 불을 취하여 음식을 만드니, 무릇 사람들이 날마다 사용하는 물건은 이 오행의 물건 아님이 없는 것이다.

五行이 固有相生之道하니 金生水하고 水生木하고 木生火하고 火生土하고 土生金하고 金復生水하니 五行之相生也無窮하여 而人用不竭焉이니라

오행은 진실로 상생(相生)의 도(道)가 있으니, 쇠는 물을 낳고, 물은 나무를 낳고, 나무는 불을 낳고, 불은 흙을 낳고, 흙은 쇠를 낳고, 쇠는 다시 물을 낳으니, 오행의 상생이 무궁하여 사람들이 사용함에 다함이 없다.

五行이 亦有相克之理하니 土克水하고 水克

星 : 별 성　行 : 다닐 행　器 : 그릇 기　穀 : 곡식 곡　飮 : 마실 음　食 : 먹을 식
固 : 진실로 고　相 : 서로 상　復 : 다시 부　窮 : 다할 궁　竭 : 다할 갈　克 : 이길 극

火하고 火克金하고 金克木하고 木克土하고 土復克水하니 乃操其相克之權하여 能用其相生之物者는 是人之功也니라

오행은 또한 상극(相克)의 이치가 있으니, 흙은 물을 이기고, 물은 불을 이기고, 불은 쇠를 이기고, 쇠는 나무를 이기고, 나무는 흙을 이기고, 흙은 다시 물을 이기니, 그 상극의 권세를 잡아 능히 상생(相生)하는 물건을 이용하는 것은 사람의 공로이다.

右는 地篇이라

이상은 땅에 대한 편이다.

〈物 篇〉

天地生物之數가 有萬其衆이로되 而若言其動植之物이면 則草木禽獸蟲魚之屬이 最其較著者也니라

천지가 물건을 낳은 수는 그 무리가 만 가지가 있는데, 그 동물과 식물을 말한다면 초목·금수·충어(蟲魚)의 등속이 가장 명백하게 드러난 것들이다.

飛者는 爲禽이요 走者는 爲獸요 鱗介者는 爲

操：잡을 조 衆：무리 중 動：움직일 동 植：심을 식 禽：새 금 獸：짐승 수 蟲：벌레 충 魚：물고기 어 屬：붙일 속 最：가장 최 較：환할 교, 비교할 교 著：나타날 저 飛：날 비 走：달릴 주 鱗：비늘 린 介：껍질 개

蟲魚요 根植者는 爲草木이니라

나는 것은 새가 되고, 달리는 것은 짐승이 되고, 비늘과 껍질이 있는 것은 벌레와 물고기가 되고, 뿌리를 심겨진 것은 초목이 된다.

飛禽은 卵翼하고 走獸는 胎乳하며 飛禽은 巢居하고 走獸는 穴處하며 蟲魚之物은 化生者最多而亦多生於水濕之地니라

나는 새는 알을 날개로 품고, 달리는 짐승은 태(胎)로 낳아 젖을 먹이며, 나는 새는 둥지에서 살고, 달리는 짐승은 굴에서 살며, 벌레와 물고기의 물건은 변화하여 생기는 것이 가장 많은데, 또한 물과 습한 땅에서 많이 자란다.

春生而秋死者는 草也요 秋則葉脫而春復榮華者는 木也라 其葉蒼翠요 其花五色[3)]이니 其根深者는 枝葉이 必茂하고 其有花者는 必有實이니라

봄에 났다가 가을에 죽는 것은 풀이요, 가을이면 잎이 떨어졌다가 봄이면 다시 꽃이 피는 것은 나무이다. 그 잎이 푸르고 그 꽃이 오색(五色)이니, 그 뿌리가 깊은 것은 가지와 잎이 반드시 무성하고, 그 꽃이 있는 것은 반드시 열매를 맺는다.

역주 3) 五色 : 청(靑)·황(黃)·적(赤)·백(白)·흑(黑)의 다섯 가지 색깔을 가리킨다.

根 : 뿌리 근　卵 : 알 란　翼 : 날개 익　胎 : 태 태　乳 : 젖 유　巢 : 둥지 소
穴 : 구멍 혈　多 : 많을 다　濕 : 젖을 습　葉 : 잎새 엽　脫 : 벗을 탈
復 : 다시 부　榮 : 영화 영　華 : 빛날 화　蒼 : 푸를 창　翠 : 푸를 취
花 : 꽃 화　深 : 깊을 심　枝 : 가지 지　茂 : 무성할 무　實 : 열매 실

虎豹犀象之屬은 在於山하고 牛馬鷄犬之物은 畜(휵)於家하니 牛以耕墾이요 馬以乘載요 犬以守夜요 鷄以司晨이요 犀取其角이요 象取其牙요 虎豹는 取其皮니라

호랑이·표범·물소·코끼리의 등속은 산에 있고, 소·말·닭·개의 동물은 집에서 기르니, 소로써 밭을 갈고, 말로써 타거나 짐을 싣고, 개로써 밤을 지키고, 닭으로써 새벽을 맡게 하며, 물소는 그 뿔을 취하고, 코끼리는 그 이빨을 취하고, 호랑이와 표범은 그 가죽을 취한다.

山林에 多不畜之禽獸하고 川澤에 多無益之蟲魚라 故로 人以力殺하고 人以智取하여 或用其毛羽骨角하고 或供於祭祀賓客飮食之間이니라

산과 숲에는 기를 수 없는 새와 짐승이 많고, 냇물과 연못에는 유익함이 없는 벌레와 물고기가 많다. 그러므로 사람들이 힘으로써 죽이고, 사람들이 지혜로써 취하여, 혹은 그의 털·깃털·뼈·뿔 등을 이용하고, 혹은 제사와 손님에게 음식을 접대하는 사이에 제공하기도 한다.

走獸之中에 有麒麟焉하고 飛禽之中에 有

豹:표범 표 犀:물소 서 象:코끼리 상 牛:소 우 馬:말 마 鷄:닭 계
犬:개 견 畜:기를 휵, 가축 축 耕:밭갈 경 墾:개간할 간 乘:탈 승
載:실을 재 守:지킬 수 司:맡을 사 晨:새벽 신 取:취할 취 角:뿔 각
牙:이빨 아, 어금니 아 皮:가죽 피 澤:못 택 益:유익할 익, 더할 익
殺:죽일 살 智:지혜 지 毛:터럭 모 羽:깃 우 骨:뼈 골 供:바칠 공
祭:제사 제 祀:제사 사 賓:손 빈 客:손 객 麒:기린 기 麟:기린 린

鳳凰焉하고 蟲魚之中에 有靈龜焉하고 有飛龍焉하니 此四物者는 乃物之靈異者也라 故로 或出於聖王之世하나니라

달리는 짐승 가운데에는 기린이 있고, 나는 새 가운데에는 봉황이 있으며, 벌레와 물고기 중에는 신령스러운 거북이 있고, 나는 용이 있다. 이 네 가지 동물은 곧 물건 중에서 신령스럽고 특이한 것들이다. 그러므로 혹 성왕(聖王)의 세상에 나오는 것이다.

稻粱黍稷은 祭祀之所以供粢盛者也요 豆菽麰麥之穀은 亦無非養人命之物이라 故로 百草之中에 穀植이 最重이요 犯霜雪而不凋하고 閱四時而長春者는 松柏也니 衆木之中에 松柏이 最貴니라

벼·조·기장·피는 제사의 자성(粢盛 : 제물)으로 바치는 것이요, 팥·콩·보리 등의 곡식은 또한 인명(人命)을 기르는 물건 아닌 것이 없다. 그러므로 온갖 풀 가운데 곡식이 가장 중하며, 서리와 눈을 범해도 마르지 아니하고, 사시(四時)를 지나도 항상 봄처럼 푸른 것은 소나무와 잣나무이니, 모든 나무 가운데 소나무와 잣나무가 가장 귀하다.

梨栗柿棗之果가 味非不佳也로되 其香芬

鳳 : 새 봉　凰 : 새 황　龜 : 거북 귀(구)　飛 : 날 비　龍 : 용 룡　稻 : 벼 도
粱 : 수수 량　黍 : 기장 서　稷 : 피 직　粢 : 기장 자　盛 : 담을 성, 성할 성
豆 : 콩 두　菽 : 콩 숙　麰 : 보리 모　麥 : 보리 맥　穀 : 곡식 곡　命 : 목숨 명
犯 : 범할 범　霜 : 서리 상　雪 : 눈 설　凋 : 마를 조　閱 : 지날 열　松 : 소나무 송
柏 : 잣나무 백　梨 : 배 리　栗 : 밤 률　柿 : 감 시　棗 : 대추 조　芬 : 꽃다울 분

芳이라 **故**로 **果以橘柚爲珍**하고 **蘿蔔蔓菁諸瓜之菜**가 **種非不多也**로되 **其味辛烈**이라 **故**로 **菜以芥薑爲重**하나니라

배·밤·감·대추 등의 과일은 맛이 아름답지 않은 것이 아니되, 그 향기가 짙기 때문에 과실은 귤과 유자를 보배로 여긴다. 무와 순무와 모든 오이의 채소는 종류가 많지 않은 것이 아니되, 그 맛이 매우 맵기 때문에 채소는 겨자와 생강을 귀중하게 여긴다.

水陸草木之花에 **可愛者甚繁**이로되 **而陶淵明**4)은 **愛菊**하고 **周濂溪**5)는 **愛蓮**하고 **富貴繁華之人**은 **多愛牧丹**하나니 **淵明**은 **隱者**라 **故**로 **人以菊花**로 **比之於隱者**하고 **濂溪**는 **君子**라 **故**로 **人以蓮花**로 **比之於君子**하고 **牧丹**은 **花之繁華者**라 **故**로 **人以牧丹**으로 **比之於繁華富貴之人**이니라

물과 육지에 있는 초목의 꽃으로서 사랑할 만한 것이 매우 많으나, 도연명(陶淵明)은 국화를 사랑하였고, 주염계(周濂溪)는 연꽃을 사랑하였고, 부귀하고 번화한 사람들은 많이 모란을 사랑한다. 도연명은 은자(隱者)였기 때문에 사람들은 국화

芳 : 꽃다울 방　橘 : 귤 귤　柚 : 유자 유　珍 : 보배 진　蘿 : 무우 라　蔔 : 무우 복
蔓 : 순무 만　菁 : 순무 청　瓜 : 오이 과　菜 : 나물 채　種 : 종류 종　烈 : 매울 렬
芥 : 겨자 개　薑 : 생강 강　陸 : 육지 륙　甚 : 심할 심　繁 : 많을 번　陶 : 질그릇 도
淵 : 못 연　菊 : 국화 국　濂 : 물이름 렴　溪 : 시내 계　蓮 : 연꽃 련
牧 : 기를 목(모)　丹 : 붉을 단(란)　隱 : 숨을 은　比 : 견줄 비

로써 은자에 비유하고, 주염계는 군자(君子)였기 때문에 사람들은 연꽃으로써 군자에 비유하고, 모란은 꽃 중에서 가장 번화한 것이기 때문에 사람들은 모란으로써 부귀하고 화려한 사람에게 비유하는 것이다.

역주 4) 陶淵明 : 남북조(南北朝)시대 진(晉)나라 말기의 은사(隱士). 이름은 잠(潛)이며, 자(字)는 원량(元亮)이고 호(號)를 오류선생(五柳先生)이라 하였으며, 시호를 정절(靖節)이라 하였다.

5) 周濂溪 : 송대(宋代) 성리학(性理學)의 원조(元祖)인 주돈이(周敦頤)를 가리킨다. 자(字)는 무숙(茂淑)이며, 염계에 거주하였으므로 사람들이 염계선생이라 칭하였는바, 그가 지은 〈애련설(愛蓮說)〉이 유명하다.

物之不齊는 乃物之情이라 故로 以尋丈尺寸[6]으로 度物之長短하고 以斤兩錙銖[7]로 稱物之輕重하고 以斗斛升石으로 量物之多寡니라

물건이 똑같지 아니함은 바로 물건의 실정이다. 그러므로 심(尋)·장(丈)·척(尺)·촌(寸)으로써 물건의 길고 짧음을 헤아리고, 근(斤)·냥(兩)·치(錙)·수(銖)로써 물건의 가볍고 무거움을 달고, 두(斗)·곡(斛)·승(升)·석(石)으로써 물건의 많고 적음을 헤아린다.

역주 6) 尋丈尺寸 : 모두 길이의 단위로, 약 3㎝를 1촌(寸)이라 하고 10촌을 1척(尺)이라 하며, 8척을 1심(尋), 10척을 1장(丈)이라 한다.

7) 斤兩錙銖 : 1냥(兩)은 약 37.5g이며 16냥을 1근(斤)이라 한다. 기장알 백 개의 무게를 1수(銖)라 하고 6수를 1치(錙)라 하여, 치수는 아주 작은 단위의 무게를 뜻한다.

算計萬物之數는 莫便於九九하니 所謂九九

齊 : 가지런할 제 情 : 뜻 정 尋 : 여덟자 심 丈 : 길 장 尺 : 자 척
寸 : 마디 촌 度 : 헤아릴 탁, 법도 도 長 : 긴 장 短 : 짧을 단 斤 : 저울 근
兩 : 근량 량, 둘 량 錙 : 저울눈 치 銖 : 저울눈 수 稱 : 달 칭 輕 : 가벼울 경
重 : 무거울 중 斗 : 말 두 斛 : 열말 곡 升 : 되 승 石 : 섬 석 量 : 헤아릴 량
寡 : 적을 과 算 : 셀 산 計 : 계산할 계 便 : 편리할 편

者는 **九九八十一之數也**니라

만물의 수를 계산함에는 구구단보다 더 편한 것이 없다. 이른바 구구단이란 九九八十一의 수이다.

右는 **物篇**이라

이상은 물건에 대한 편이다.

〈人 篇〉

萬物之中에 **惟人**이 **最靈**하니 **有父子之親**하여 **有君臣之義**하며 **有夫婦之別**하며 **有長幼之序**하며 **有朋友之信**이니라

만물의 가운데 오직 사람이 가장 영특하니, 부자간에 친함이 있으며, 군신간에 의리가 있으며, 부부간에 분별이 있으며, 장유간에 차례가 있으며, 붕우간에 신의가 있다.

生我者爲父母요 **我之所生**이 **爲子女**요 **父之父爲祖**요 **子之子爲孫**이요 **與我同父母者爲兄弟**요 **父母之兄弟爲叔**이요 **兄弟之子女爲姪**이요 **子之妻爲婦**요 **女之夫爲**

惟 : 오직 유 最 : 가장 최 靈 : 신령 령 幼 : 어릴 유 祖 : 할아버지 조
孫 : 손자 손 兄 : 맏 형 弟 : 아우 제 叔 : 아저씨 숙 姪 : 조카 질
妻 : 아내 처 婦 : 며느리 부 夫 : 지아비 부

婿니라

나를 낳은 자는 부모가 되고, 내가 낳은 것은 자녀가 되고, 아버지의 아버지는 할아버지가 되고, 아들의 아들은 손자가 된다. 나와 더불어 부모를 함께 한 자는 형제가 되고, 부모의 형제는 아저씨가 되고, 형제의 자녀는 조카가 되고, 아들의 아내는 며느리가 되고, 딸의 남편은 사위가 된다.

有夫婦然後에 **有父子**하니 **夫婦者**는 **人道之始也**라 **故**로 **古之聖人**이 **制爲婚姻之禮**하여 **以重其事**하시니라

부부가 있은 뒤에야 부자가 있으니, 부부는 사람의 도리의 시초이다. 그러므로 옛날의 성인이 혼인하는 예를 만들어 그 일을 중하게 하신 것이다.

人非父母면 **無從而生**이요 **且人生三歲然後**에 **始免於父母之懷**라 **故**로 **欲盡其孝**면 **則服勤至死**하고 **父母沒**이면 **則致喪三年**하여 **以報其生成之恩**이니라

사람은 부모가 아니면 좇아 태어날 수가 없고, 또 사람이 낳은 지 세 살이 된 뒤에야 비로소 부모의 품을 면한다. 그러므로 그 효도를 극진히 하고자 한다면 근로를 행하여 죽음에 이르고, 부모가 돌아가시면 3년상을 지극히 하여 부모가 낳고 길러주신 은혜에 보답하는 것이다.

婿 : 사위 서　制 : 지을 제　婚 : 혼인 혼　姻 : 혼인 인　重 : 무거울 중
從 : 좇을 종　且 : 또 차　始 : 비로소 시　免 : 면할 면　懷 : 품을 회　盡 : 다할 진
服 : 일할 복　勤 : 부지런할 근　死 : 죽을 사　沒 : 죽을 몰　致 : 다할 치
喪 : 초상 상　報 : 갚을 보　恩 : 은혜 은

耕於野者는 食君之土하고 立於朝者는 食君之祿이니 人이 固非父母則不生이요 亦非君則不食이라 故로 臣之事君을 如子之事父하여 唯義所在에 則舍命效忠이니라

들에서 밭가는 자는 임금의 땅을 갈아 먹고, 조정(朝廷)에 서 있는 자는 임금의 녹을 먹으니, 사람이 진실로 부모가 아니면 태어나지 못하고, 또한 임금이 아니면 먹지를 못한다. 그러므로 신하가 임금을 섬기기를 자식이 어버이를 섬기는 것과 같이 하여, 오직 의리가 있는 곳에는 목숨을 버리고 충성을 바쳐야 하는 것이다.

人於等輩에 尙不可相踰어든 況年高於我하고 官貴於我하고 道尊於我者乎아 故로 在鄕黨則敬其齒하고 在朝廷則敬其爵하며 尊其道而敬其德이 是禮也니라

사람은 같은 동무들에게도 오히려 서로 넘어서는 안 되거늘 하물며 나이가 나보다 많고 벼슬이 나보다 귀하고 도(道)가 나보다 높은 자에 있어서랴. 그러므로 향당(鄕黨)에 있으면 그 나이를 공경하고, 조정에 있으면 그 벼슬을 공경하며, 그 도를 높이고 그 덕을 공경하는 것, 이것이 예(禮)이다.

曾子[8)]曰 君子는 以文會友하고 以友輔仁이라하시니 蓋人不能無過而朋友有責善之道라 故로

耕 : 밭갈 경 朝 : 조정 조, 아침 조 祿 : 녹 록 事 : 섬길 사 舍 : 버릴 사
效 : 바칠 효 等 : 무리 등 輩 : 무리 배 況 : 하물며 황 尊 : 높을 존
鄕 : 시골 향 黨 : 무리 당 敬 : 공경 경 齒 : 연치 치, 이빨 치 廷 : 조정 정
爵 : 벼슬 작 輔 : 도울 보 蓋 : 어조사 개, 덮을 개 過 : 허물 과 責 : 꾸짖을 책

人之所以成就其德性者는 固莫大於師友之功이라 雖然이나 友有益友하고 亦有損友하니 取友를 不可不端也니라

증자(曾子)가 말씀하시기를, "군자(君子)는 글로써 벗을 모으고 벗으로써 인(仁)을 돕는다." 하였다. 사람은 허물이 없을 수가 없는데, 친구간에는 선을 책하는〔責善〕 도리가 있다. 그러므로 사람이 그 덕성을 성취하는 바는 진실로 스승과 벗의 공보다 더 큰 것이 없는 것이다. 그러하나 벗에는 유익한 벗이 있고 또한 손해되는 벗이 있으니, 벗을 취함을 단정하게 하지 않을 수 없는 것이다.

역주 8) 曾子 : 공자(孔子)의 제자로 이름은 삼(參)이며 자(字)는 자여(子輿)이다. 공자의 학통을 이어 자사(子思)에게 전하였고, 자사는 맹자(孟子)에게 전하였다.

同受父母之餘氣하여 以爲人者 兄弟也라 且人之方幼也에 食則連牀하고 寢則同衾하여 共被父母之恩者 亦莫如我兄弟也라 故로 愛其父母者는 亦必愛其兄弟니라

함께 부모의 남은 기운을 받아서 사람이 된 자가 형제이다. 또 사람이 어렸을 때에는 밥을 먹을 때에 밥상을 연하고, 잠을 잘 때에 이불을 같이하여 함께 부모의 은혜를 입은 자가 또한 나의 형제만 한 이가 없다. 그러므로 그 부모를 사랑하는 자는 또한 반드시 그 형제를 사랑하는 것이다.

宗族이 雖有親疎遠近之分이나 然이나 推究

就 : 이룰 취　固 : 진실로 고　莫 : 없을 막　師 : 스승 사　功 : 공 공　雖 : 비록 수
然 : 그럴 연　益 : 유익할 익　損 : 손해될 손　取 : 취할 취　端 : 단정할 단
餘 : 남을 여　方 : 바야흐로 방　連 : 연할 련　牀 : 상 상　寢 : 잠잘 침　衾 : 이불 금
被 : 입을 피　疎 : 성글 소　遠 : 멀 원　近 : 가까울 근　推 : 밀 추　究 : 연구할 구

其本하면 則同是祖先之骨肉이니 苟於宗族에 不相友愛하면 則是忘其本也라 人而忘本이면 家道漸替리라

종족(宗族)은 비록 친하고 소원(疎遠)하여 멀고 가까운 분별이 있으나, 그 근본을 미루어 연구해 보면 똑같은 이 선조의 골육이니, 만일 종족에 대해서 서로 우애하지 않는다면 이는 그 근본을 잊는 것이다. 사람으로서 그 근본을 잊으면 가도(家道)가 점점 침체될 것이다.

父慈而子孝하며 兄愛而弟敬하며 夫和而妻順하며 事君忠而接人恭하며 與朋友信而撫宗族厚면 可謂成德君子也니라

아버지는 사랑하고 아들은 효도하며, 형은 우애하고 아우는 공경하며, 남편은 온화하고 아내는 순하며, 임금을 섬기기를 충성스럽게 하고, 사람을 대하기를 공손하게 하며, 친구와 사귀기를 신의가 있게 하고, 종족을 어루만지기를 후하게 하면 덕을 이룬 군자(君子)라고 할 수 있다.

凡人稟性이 初無不善하여 愛親敬兄忠君弟長之道가 皆已具於吾心之中하니 固不可求之於外面이요 而惟在我力行而不已也니라

骨 : 뼈 골　肉 : 살 육　苟 : 만일 구　忘 : 잊을 망　漸 : 점점 점　替 : 침체할 체
和 : 화할 화　事 : 섬길 사　接 : 접할 접　撫 : 어루만질 무　厚 : 두터울 후
凡 : 무릇 범　稟 : 받을 품　初 : 처음 초　弟 : 공경할 제　皆 : 다 개
已 : 이미 이, 그칠 이　具 : 갖출 구　吾 : 나 오　求 : 구할 구

모든 사람의 타고난 성품이 처음에는 착하지 않음이 없어, 어버이를 사랑하고 형을 공경하며, 임금에게 충성하고 어른에게 공경하는 도리가 모두 이미 내 마음 가운데 갖추어져 있으나, 진실로 외면(外面)에서 구할 것이 없고, 오직 내가 힘써 행하여 그치지 않음에 달려 있을 뿐이다.

人非學問이면 固難知其何者爲孝며 何者爲忠이며 何者爲弟며 何者爲信이라 故로 必須讀書窮理하여 求觀於古人하고 體驗於吾心하여 得其一善하여 勉行之면 則孝弟忠信之節이 自無不合於天敍之則矣리라

사람이 학문(學問)이 아니면 진실로 그 어떤 것이 효도가 되고 어떤 것이 충성이 되며, 어떤 것이 공경이 되고 어떤 것이 신(信)이 되는 것인지를 알기 어렵다. 그러므로 반드시 책을 읽고 이치를 궁구하여 옛사람에게서 구하여 관찰해 보며, 내 마음에 체험하여 그 한 가지 선을 얻어 힘써 행하면, 효제충신(孝弟忠信)의 일이 스스로 하늘의 질서의 법칙에 맞지 않음이 없을 것이다.

收斂身心이 莫切於九容하니 所謂九容者는 足容重하며 手容恭하며 目容端하며 口容止하며 聲容靜하며 頭容直하며 氣容肅하며 立容德하며 色容莊이니라

須 : 모름지기 수 觀 : 볼 관 驗 : 징험할 험 得 : 얻을 득 勉 : 힘쓸 면
節 : 예절 절 敍 : 차례 서 則 : 법 칙 收 : 거둘 수 斂 : 거둘 렴 切 : 간절 절
容 : 모양 용 足 : 발 족 重 : 무거울 중 手 : 손 수 端 : 단정할 단 止 : 그칠 지
靜 : 고요할 정 頭 : 머리 두 肅 : 엄숙할 숙 德 : 큰 덕 莊 : 씩씩할 장

몸과 마음을 수렴함은 구용(九容)보다 더 간절함이 없으니, 이른바 구용이란, 발 모양은 무겁고, 손 모양은 공손하며, 눈 모양은 단정하고, 입 모양은 그치며, 소리 모양은 고요하고, 머리 모양은 곧으며, 숨쉬는 모양은 엄숙하고, 서 있는 모양은 덕스러우며, 안색의 모양은 씩씩(경건)해야 하는 것이다.

進學益智가 莫切於九思하니 所謂九思者는 視思明하며 聽思聰하며 色思溫하며 貌思恭하며 言思忠하며 事思敬하며 疑思問하며 忿思難하며 見得思義니라

학문에 나아가고 지혜를 더함은 구사(九思)보다 더 간절함이 없으니, 이른바 구사란, 볼 때에는 밝음을 생각하고, 들을 때에는 귀밝음을 생각하며, 안색은 온화함을 생각하고, 모양은 공손함을 생각하며, 말할 때에는 충성스러움을 생각하고, 일은 공경함을 생각하며, 의심스러울 때에는 물을 것을 생각하고, 분이 날 때에는 어려울 것을 생각하며, 이익을 보면 의로움을 생각하는 것이다.

右는 人篇이라

이상은 사람에 대한 편이다.

進 : 나아갈 진　學 : 배울 학　智 : 지혜 지　思 : 생각할 사　視 : 볼 시
明 : 밝을 명　聽 : 들을 청　聰 : 귀밝을 총　溫 : 온순할 온, 따뜻할 온
貌 : 모양 모　恭 : 공손할 공　忠 : 충성 충　敬 : 공경 경　疑 : 의심할 의
問 : 물을 물　忿 : 분할 분　難 : 어려울 난　得 : 얻을 득

推句讀本

天高日月明이요
地厚草木生이라

東西幾萬里요
南北不能尺이라

月出天開眼이요
山高地擧頭라

天傾西北邊이요
地卑東南界라

春來梨花白이요
夏至樹葉青이라

秋涼黃菊發이요
冬寒白雪來라

日月千年鏡이요
江山萬古屛이라

東西日月門이요
南北鴻雁路라

春水滿四澤이요

夏雲多奇峯이라

秋月揚明輝요

冬嶺秀孤松이라

日月籠中鳥요

乾坤水上萍이라

白雲山上蓋요

明月水中珠라

月爲宇宙燭이요
風作山河鼓라

雲作千層峰이요
虹爲百尺橋라

月爲無柄扇이요
星作絶纓珠라

秋葉霜前落이요
春花雨後紅이라

春作四時首요
人爲萬物靈이라

天地人三才요
君師父一體라

水火木金土요
仁義禮智信이라

天地爲父母요
日月似兄弟라

夫婦二姓合이요

兄弟一氣連이라

父母千年壽요

子孫萬世榮이라

父慈子當孝요

兄友弟亦恭이라

愛君希道泰요

憂國願年豊이라

妻賢夫禍少요

子孝父心寬이라

思家清宵立이요

憶弟白日眠이라

子孝雙親樂이요

家和萬事成이라

家貧思賢妻요

國亂思良相이라

綠竹君子節이요

青松丈夫心이라

江山萬古主요

人物百年賓이라

人心朝夕變이요

山色古今同이라

世事琴三尺이요

生涯酒一盃라

山靜似太古요
日長如少年이라

耕田埋春色요
汲水斗月光이라

靜裏乾坤大이요
閒中日月長이라

西亭江上月이요
東閣雪中梅라

飮酒人顔赤이요
食草馬口青이라

老人扶杖去하고
小兒騎竹來라

白酒紅人面이요
黃金黑吏心이라

男奴負薪去하고
女婢汲水來라

洗硯魚呑墨이요
煮茶鶴避煙이라

松作延客蓋요
月爲讀書燈이라

花落憐不掃요
月明愛無眠이라

月作雲間鏡이요
風爲竹裡琴이라

掬水月在手요
弄花香滿衣라

歲去人頭白이요
秋來樹葉黃이라

五夜燈前晝요
六月亭下秋라

雨後山如沐이요
風前草似醉라

人分千里外요
興在一杯中이라

花落以前春이요
山深然後寺라

春意無分別이요
人情有淺深이라

山外山不盡이요
路中路無窮이라

日暮蒼山遠이요

天寒白屋貧이라

風窓燈易滅이요

月屋夢難成이라

小園鶯歌歇이요

長門蝶舞多라

日暮鷄登塒요

天寒鳥入簷이라

野曠天低樹요

江清月近人이라

細雨池中看이요

微風木末知라

風驅群飛雁이요

月送獨去舟라

花笑聲未聽이요

鳥啼淚難看이라

白鷺千點雪이요

黃鶯一片金이라

鳥宿池邊樹요

僧敲月下門이라

桃李千機錦이요

江山一畫屛이라

棹穿波底月이요

船壓水中天이라

高山白雲起요
平原芳草綠이라

山影推不出이요
月光掃還生이라

水連天共碧이요
風與月雙清이라

水鳥浮還沒이요
山雲斷復連이라

月移山影改요
日下樓痕消라

天長去無執이요
花老蝶不來라

初月將軍弓이요
流星壯士矢라

掃地黃金出이요
開門萬福來라

鳥逐花間蝶이요
鷄爭草中蟲이라

鳥喧蛇登樹요
犬吠客到門이라

高峯撑天立이요
長江割地去라

碧海黃龍宅이요
青松白鶴樓라

月到梧桐上이요

風來楊柳邊이라

潛魚躍淸波요

好鳥鳴高枝라

群星陣碧天이요

落葉戰秋山이라

雨後澗生瑟이요

風前松奏琴이라

馬行千里路요
牛耕百畝田이라

狗走梅花落이요
鷄行竹葉成이라

馬行駒隨後요
牛耕犢臥原이라

竹筍黃犢角이요
蕨芽小兒拳이라

天清一雁遠이요
海闊孤帆遲라

花發文章樹요
月出壯元峰이라

柳色黃金嫩이요
梨花白雪香이라

綠水鷗前鏡이요
青松鶴後屛이라

雨磨菖蒲刀하고

風梳楊柳髮이라

鳧耕蒼海去하고

鷺割青山來라

花紅黃蜂鬧요

草綠白馬嘶라

山雨夜鳴竹이요

草蟲秋入牀이라

遠水連天碧이요

霜楓向日紅이라

山吐孤輪月이요

江含萬里風이라

露凝千片玉이요

菊散一叢金이라

白蝶紛紛雪이요

黃鶯片片金이라

洞深花意懶요
山疊水聲幽라

林風涼不絕이요
山月曉仍明이라

氷解魚初躍이요
風和雁欲歸라

竹筍尖如筆이요
松葉細似針이라

魚戲新荷動이요
鳥散餘花落이라

琴潤絃猶響이요
爐寒火尙存이라

春北秋南雁이요
朝西暮東虹이라

柳幕鶯爲客이요
花房蝶作郎이라

日華川上動이요
風光草際浮라

明月松間照요
清泉石上流라

青松夾路生이요
白雲宿簷端이라

荷風送香氣요
竹露滴清響이라

谷直風來急이요
山高月上遲라

蟋蟀鳴洞房이요
梧桐落金井이라

山高松下立이요
江深沙上流라

花開昨夜雨요
花落今朝風이라

大旱得甘雨하고

他鄕逢故人이라

水去不復回요

言出難更收라

畫虎難畫骨이요

知人未知心이라

學文千載寶요

貪物一朝塵이라

文章李太白이요
筆法王羲之라

一日不讀書면
口中生荊棘이라

花有重開日이나
人無更少年이라

白日莫虛送하라
青春不再來니라

啓蒙篇讀本

首篇

上有天하고 下有地하니 天地之間에 有人焉하고 有萬物焉하니 日月星辰者는 天之所係也요 江海山嶽者는 地之所載也요 父子君臣夫婦長幼朋友者는 人之大倫也니라

以東西南北으로 定天地之方하고 以青黃赤白黑으로 定物之色하고

以酸鹹辛甘苦로 定物之味하고 以宮商角徵羽로 定物之聲하고

以一二三四五六七八九十百千萬億으로 總物之數니라

右는 首篇이라

天篇

日出於東方하여 入於西方하니 日出則爲晝요 日入則爲夜니 夜則月星이 著見焉하나니라

天有緯星하니 金木水火土五星이 是也요 有經星하니 角亢氐房心尾箕、 斗牛女虛危室壁、 奎婁胃昴畢觜參、 井鬼柳星張翼軫二十八宿가 是也니라

一晝夜之內에 有十二時하니 十二寺會而爲一日하고 三十日이 會而爲一月하고 十有二月이 合而成一歲니라 月或有小月하니 小月則二十九日이 爲一月이요 歲或有閏月하니 有閏則十三月이

成一歲니라

十二時者는 卽地之十二支也니 所謂十二支者는 子丑寅卯辰巳午未申酉戌亥也요 天有十干하니 所謂十干者는 甲乙丙丁戊己庚辛壬癸也니라

天之十干이 與地之十二支로 相合而爲六十甲子하니 所謂六十甲子者는 甲子乙丑丙寅丁卯로 至壬戌癸亥가 是也니라

十有二月者는 自正月二月로 至十二月也라 一歲之中에 亦有四時하니 四時者는 春夏秋冬이 是也니라

以十二月로 分屬於四時하니 正月二月三月은 屬之於春하고 四月五月六月은 屬之於夏하고 七月八月九月은 屬之於秋하고

十月十一月十二月은 屬之於冬하니 晝長夜短而天地之氣大暑면 則爲夏하고 夜長晝短而天地之氣大寒이면 則爲冬이니 春秋則晝夜長短이 平均하되 而春氣는 微溫하고 秋氣는 微涼이니라 春三月盡이면 則爲夏하고 夏三月盡이면 則爲秋하고 秋三月盡이면 則爲冬하고 冬三月盡이면 則復爲春이니 四時相代而歲功成焉이니라

春則萬物始生하고 夏則萬物長養하고 秋則萬物成熟하고 冬則萬物閉藏하나니 然則萬物之所以生長收藏이 無非四時之功也니라

右는 天篇이라

地篇

地之高處便爲山이요 地之低處便爲水니 水之小者를 謂川이요 水之大者를 謂江이요 山之卑者를 謂丘요 山之峻者를 謂岡이라

天下之山이 莫大於五嶽하니 五嶽者는 泰山嵩山衡山恒山華山也요 天下之水가 莫大於四海하니 四海者는 東海西海南海北海也니라

山海之氣가 上與天氣相交면 則興雲霧하고 降雨雪하며 爲霜露하고 生風雷니라

暑氣蒸鬱이면 則油然而作雲하여 沛然而下雨하고 寒氣陰凝이면

則露結而爲霜하고 雨凝而成雪이라 故로 春夏에 多雨露하고 秋冬에 多霜雪하니 變化莫測者는 風雷也니라

古之聖王이 畫野分地하여 建邦設都하시니 四海之內에 其國有萬이요 而一國之中에 各置州郡焉하고 州郡之中에 各分鄕井焉하며 爲城郭하여 以禦寇하고 爲宮室하여 以處人하고 爲耒耜하여 敎民耕稼하고 爲釜甑하여 敎民火食하고 作舟車하여 以通道路하시니라

金木水火土在天에 爲五星이요 在地에 爲五行이니 金은 以爲器하고 木은 以爲宮하고 穀生於土하여 取水火爲飮食하니 則凡人日用之物이 無非五行之物也니라

五行이 固有相生之道하니 金生水하고 水生木하고 木生火하고 火

生土하고 土生金하고 金復生水하니 五行之相生也無窮하여 而人用不竭焉이니라

五行이 亦有相克之理하니 土克水하고 水克火하고 火克金하고 金克木하고 木克土하고 土復克水하니 乃操其相克之權하여 能用其相生之物者는 是人之功也니라

右는 地篇이라

物篇

天地生物之數가 有萬其衆이로되 而若言其動植之物이면 則草木禽獸蟲魚之屬이 最其較著者也니라

飛者는 爲禽이요 走者는 爲獸요 鱗介者는 爲蟲魚요 根植者는 爲草木이니라

飛禽은 卵翼하고 走獸는 胎乳하며 飛禽은 巢居하고 走獸는 穴處하며 蟲魚之物은 化生者最多而亦多生於水濕之地니라

春生而秋死者는 草也요 秋則葉脫而春復榮華者는 木也라 其葉蒼翠요 其花五色이니 其根深者는 枝葉이 必茂하고 其有花者는 必有實이니라

虎豹犀象之屬은 在於山하고 牛馬鷄犬之物은 畜於家하니 牛以耕墾이요 馬以乘載요 犬以守夜요 鷄以司晨이요 犀取其角이요 象取其牙요 虎豹는 取其皮니라

山林에 多不畜之禽獸하고 天澤에 多無益之蟲魚라 故로 人以力殺하고 人以智取하여 或用其毛羽骨角하고 或供於祭祀賓客飮食之間이니라

走獸之中에 有麒麟焉하고 飛禽之中에 有鳳凰焉하고 蟲魚之中에 有靈龜焉하고 有飛龍焉하니 此四物者는 乃物之靈異者也라 故로 或出於聖王之世하나니라

稻粱黍稷은 祭祀之所以供粢盛者也요 豆菽麰麥之穀은 亦無非養人命之物이라 故로 百草之中에 穀植이 最重이요 犯霜雪而不凋하고 閱四時而長春者는 松柏也니 衆木之中에 松柏이 最貴니라

梨栗柹棗之果가 味非不佳也로되 其香芬芳이라 故로 果以橘柚爲珍하고 蘿葍蔓菁諸瓜之菜가 種非不多也로되 其味辛烈이라 故로 菜以芥薑爲重하나니라

水陸草木之花에 可愛者甚繁이로되 而陶淵明은 愛菊하고 周濂溪는 愛蓮하고 富貴繁華之人은 多愛牧丹하나니 淵明은 隱者라 故로 人以菊花로 比之於隱者하고 濂溪는 君子라 故로 人以蓮花로 比之於君子하고 牧丹은 花之繁華者라 故로 人以牧丹으로 比之於繁華富貴之人이니라

物之不齊는 乃物之情이라 故로 以尋丈尺寸으로 度物之長短하고 以斤兩錙銖로 稱物之輕重하고 以斗斛升石으로 量物之多寡니라

算計萬物之數는 莫便於九九하니 所謂九九者는 九九八十一之數也니라

右는 物篇이라

人篇

萬物之中에 惟人이 最靈하니 有父子之親하여 有君臣之義하며 有夫婦之別하며 有長幼之序하며 有朋友之信이니라

生我者爲父母요 我之所生이 爲子女요 父之父爲祖요 子之子爲孫이요 與我同父母者爲兄弟요 父母之兄弟爲叔이요 兄弟之子女爲姪이요 子之妻爲婦요 女之夫爲婿니라

有夫婦然後에 有父子하니 夫婦者는 人道之始也라 故로 古之聖人이 制爲婚姻之禮하여 以重其事하시니라

人非父母면 無從而生이요 且人生三歲然後에 始免於父母之懷라 故로 欲盡其孝면 則服勤至死하고 父母沒이면 則致喪三年하여 以報其生成之恩이니라

耕於野者는 食君之土하고 立於朝者는 食君之祿이니 人이 固非父母則不生이요 亦非君則不食이라 故로 臣之事君을 如子之事父하여 唯義所在에 則舍命效忠이니라

人於等輩에 尙不可相踰어든 況年高於我하고 官貴於我하고 道尊於我者乎아 故로 在鄕黨則敬其齒하고 在朝廷則敬其爵하며

尊其道而敬其德이 是禮也니라

曾子曰 君子는 以文會友하고 以友輔仁이라하시니 蓋人不能無過而朋友有責善之道라 故로 人之所以成就其德性者는 固莫大於師友之功이라 雖然이나 友有益友하고 亦有損友하니 取友를 不可不端也니라

同受父母之餘氣하여 以爲人者 兄弟也라 且人之方幼也에 食則連牀하고 寢則同衾하여 共被父母之恩者 亦莫如我兄弟也라 故로 愛其父母者는 亦必愛其兄弟니라

宗族이 雖有親疎遠近之分이나 然이나 推究其本하면 則同是祖先之骨肉이니 苟於宗族에 不相友愛하면 則是忘其本也라 人而

忘本이면 家道漸替리라

父慈而子孝하며 兄愛而弟敬하며 夫和而妻順하며 事君忠而接人恭하며 與朋友信而撫宗族厚면 可謂成德君子也니라

凡人稟性이 初無不善하여 愛親敬兄忠君弟長之道가 皆已具於吾心之中하니 固不可求之於外面이요 而惟在我力行而不已也니라

人非學問이면 固難知其何者爲孝며 何者爲忠이며 何者爲弟며 何者爲信이라 故로 必須讀書窮理하여 求觀於古人하고 體驗於吾心하여 得其一善하여 勉行之면 則孝弟忠信之節이 自無不合於天敍之則矣리라

收斂身心이 莫切於九容하니 所謂九容者는 足容重하며 手容恭하며 目容端하며 口容止하며 聲容靜하며 頭容直하며 氣容肅하며 立容德하며 色容莊이니라

進學益智가 莫切於九思하니 所謂九思者는 視思明하며 聽思聰하며 色思溫하며 貌思恭하며 言思忠하며 事思敬하며 疑思問하며 忿思難하며 見得思義니라

右는 人篇이라

基礎漢文敎材 2
懸吐完譯 推句·啓蒙篇　　정가 8,000원

1992년 02월 25일 초판 발행
2025년 03월 31일 초판 31쇄

譯　註　成百曉
編　輯　東洋古典飜譯編輯委員會

發行人　金　炫
發行處　社團法人 傳統文化硏究會
서울 종로구 삼봉로 81 두산위브파빌리온 1332호
전화 : (02)762-8401　전송 : (02)747-0083
전자우편 : juntong@juntong.or.kr
홈페이지 : juntong.or.kr
사이버書堂 : cyberseodang.or.kr
등록 : 1989. 7. 3.　제1-936호
총판 : 한국출판협동조합(070-7119-1750)

ISBN 978-89-91720-44-2 04710
978-89-85395-49-6(세트)

전통문화연구회 도서목록

新編 基礎漢文教材·漢文讀解捷徑

新編 四字小學·推句	고전교육연구실 編譯	11,000원
新編 啓蒙篇·童蒙先習	고전교육연구실 編譯	11,000원
新編 明心寶鑑	李祉坤·元周用 譯註	15,000원
新編 擊蒙要訣	咸賢贊 譯註	12,000원
新編 註解千字文	李忠九 譯註	13,000원
新編 原文으로 읽는 故事成語	元周用 編譯	15,000원
新編 唐音註解選	權卿相 譯註	22,000원
漢文독해 기본패턴	고전교육연구실 著	15,000원
四書독해첩경	고전교육연구실 著	20,000원
한문독해첩경 文學篇	朴相水 李和春 李祉坤 元周用 著	17,000원
한문독해첩경 史學篇	朴相水 李和春 李祉坤 元周用 著	17,000원
한문독해첩경 哲學篇	朴相水 李和春 李祉坤 元周用 著	17,000원

東洋古典國譯叢書

大學·中庸集註 -개정증보판	成百曉 譯註	10,000원
論語集註 -개정증보판	成百曉 譯註	27,000원
孟子集註 -개정증보판	成百曉 譯註	30,000원
詩經集傳 上·下	成百曉 譯註	各 35,000원
書經集傳 上·下	成百曉 譯註	各 35,000원
周易傳義 上·下	成百曉 譯註	各 40,000원
小學集註	成百曉 譯註	30,000원
古文眞寶 後集	成百曉 譯註	32,000원

五書五經讀本

論語集註 上·下	鄭太鉉 譯註	各 25,000원
孟子集註 上·下	田炳秀·金東柱 譯註	各 30,000원
大學·中庸集註	李光虎·田炳秀 譯註	15,000원
小學集註 上·下	李忠九 外 譯註	各 25,000원
詩經集傳 上·中·下	朴小東 譯註	各 30,000원
書經集傳 上·中·下	金東柱 譯註	各 30,000원
周易傳義 元·亨·利·貞	崔英辰 外 譯註	各 30,000원
詳說古文眞寶大全後集 上·下	李相夏 外 譯註	各 32,000원
春秋左氏傳 上·中·下	許鎬九 外 譯註	各 36,000원~38,000원
禮記 上·中·下	成百曉 外 譯註	各 30,000원

東洋古典譯註叢書

〈經部〉

十三經注疏		
周易正義 1~4	成百曉·申相厚 譯註	各 32,000원~44,000원
尙書正義 1~7	金東柱 譯註	各 25,000원~46,000원
毛詩正義 1~8	朴小東 外 譯註	各 32,000원~40,000원
禮記正義 1~3, 中庸·大學	李光虎 外 譯註	各 20,000원~30,000원
論語注疏 1~3	鄭太鉉·李聖敏 譯註	各 35,000원~44,000원
孟子注疏 1~4	崔彩基·梁基正 譯註	各 29,000원~33,000원
孝經注疏	鄭太鉉·姜珉廷 譯註	35,000원
周禮注疏 1~4	金容天·朴禮慶 譯註	各 27,000원~34,000원
春秋左傳正義 1~2	許鎬九 外 譯註	各 27,000원~32,000원
春秋公羊傳注疏 1	宋基采 外 譯註	37,000원
春秋左氏傳 1~8	鄭太鉉 譯註	各 28,000원~35,000원
禮記集說大全 1~6	辛承云 外 譯註	各 25,000원~40,000원
東萊博議 1~5	鄭太鉉·金炳愛 譯註	各 25,000원~38,000원
韓詩外傳 1~2	許敬震 外 譯註	各 29,000원~36,000원
說文解字注 1~5	李忠九 外 譯註	各 32,000원~38,000원

〈史部〉

思政殿訓義 資治通鑑綱目 1~23	辛承云 外 譯註	各 18,000원~37,000원
通鑑節要 1~9	成百曉 譯註	各 18,000원~44,000원
唐陸宣公奏議 1~2	沈慶昊·金愚政 譯註	各 35,000원~45,000원
貞觀政要集論 1~4	李忠九 外 譯註	各 25,000원~32,000원
列女傳補注 1~2	崔秉準·孔勤植 譯註	各 30,000원~38,000원
歷代君鑑 1~4	洪起殷·全百燦 譯註	各 30,000원~38,000원

〈子部〉

孔子家語 1~2	許敬震 外 譯註	各 39,000원/40,000원
管子 1~4	李錫明·金帝蘭 譯註	各 29,000원~33,000원
近思錄集解 1~3	成百曉 譯註	各 35,000원~36,000원
老子道德經注	金是天 譯註	30,000원
大學衍義 1~5	辛承云 外 譯註	各 26,000원~30,000원
墨子閒詁 1~6	李相夏 外 譯註	各 32,000원~53,000원
說苑 1~2	許鎬九 譯註	各 25,000원
世說新語補 1~5	金鎭玉 外 譯註	各 29,000원~42,000원
荀子集解 1~7	宋基采 譯註	各 30,000원~42,000원
心經附註	成百曉 譯註	35,000원
顔氏家訓 1~2	鄭在書·盧暻熙 譯註	各 22,000원/25,000원
揚子法言 1	朴勝珠 譯註	24,000원
列子鬳齋口義	崔秉準·孔勤植·權憲俊 共譯	34,000원
二程全書 1~6	崔錫起·姜導顯 譯註	各 32,000원~44,000원
莊子 1~4	安炳周·田好根 共譯	各 31,000원~39,000원
政經·牧民心鑑	洪起殷·全百燦 譯註	27,000원
韓非子集解 1~5	許鎬九 外 譯註	各 32,000원~40,000원
武經七書直解		
孫武子直解·吳子直解	成百曉·李蘭洙 譯註	45,000원
六韜直解·三略直解	成百曉·李鍾德 譯註	45,000원
尉繚子直解·李衛公問對直解	成百曉·李蘭洙 譯註	45,000원
司馬法直解	成百曉·李蘭洙 譯註	45,000원

〈集部〉

古文眞寶 前集	成百曉 譯註	30,000원
唐詩三百首 1~3	宋載卲 外 譯註	各 33,000원~39,000원
唐宋八大家文抄 韓愈 1~3	鄭太鉉 譯註	各 22,000원/28,000원
〃 歐陽脩 1~7	李相夏 譯註	各 25,000원~35,000원
〃 王安石 1~2	申用浩·許鎬九 共譯	各 20,000원/25,000원
〃 蘇洵	李章佑 外 譯註	25,000원
〃 蘇軾 1~5	成百曉 譯註	各 22,000원
〃 蘇轍 1~3	金東柱 譯註	各 20,000원~22,000원
〃 曾鞏	宋基采 譯註	25,000원
〃 柳宗元 1~2	宋基采 譯註	各 22,000원
明淸八大家文鈔 1 歸有光·方苞	李相夏 外 譯註	35,000원
〃 2 劉大櫆·姚鼐	李相夏 外 譯註	35,000원
〃 3 梅曾亮·曾國藩	李相夏 外 譯註	38,000원
〃 4 張裕釗·吳汝綸	李相夏 外 譯註	50,000원

東洋古典新譯

당시선	송재소·최경렬·김영죽 편역	24,000원
손자병법	성백효 역주	14,000원
장자	안병주·전호근·김형석 역주	13,000원
고문진보 후집	신용호 번역	28,000원
노자도덕경	김시천 역주	15,000원
고문진보 전집 上·下	신용호 번역	각 22,000원
신식 비문척독	박상수 번역	25,000원
안씨가훈	김창진 편역	근간

동양문화총서

동양사상 해설과 원전	정규훈 外 저	22,000원
화합의 길 《중용》 읽기	금장태 저	20,000원
호설과 시장	신용호 저	20,000원
어느 노학자의 젊은 시절 -《고문진보》 選譯	심재기 저	22,000원

문화문고

경전으로 본 세계종교 그리스도교	이정배 편저	10,000원
〃 도교	이강수 편역	10,000원
〃 천도교	윤석산·홍성엽 편저	10,000원
〃 힌두교	길희성 편역	10,000원
〃 유교	이기동 편저	10,000원
〃 불교	김용표 편저	10,000원
〃 이슬람	김영경 편역	10,000원
논어·대학·중용 / 맹자	조수익·박승주 공역	각 10,000원
소학	박승주·조수익 공역	10,000원
십구사략 1~2	성광호 저	각 12,000원
무경칠서 손자병법·오자병법	성백효 역	10,000원
〃 육도·삼략	성백효 역	10,000원
〃 사마법·울료자·이위공문대	성백효 역	10,000원
당시선	송재소·최경렬·김영죽 편역	10,000원
한문문법	이상진 저	13,000원
한자한문전통교재	조수익·이성민 공역	13,000원
士小節 선비 집안의 작은 예절	이동희 편역	12,000원
儒學이란 무엇인가	이동희 저	10,000원
동아시아의 유교와 전통문화	이동희 저	13,000원
현대인, 동양고전에서 길을 찾다	이동희 저	10,000원
100자에 담긴 한자문화 이야기	김경수 저	12,000원
우리 설화 1~2	김동주 편역	각 10,000원
대한민국 국무총리	이재원 저	10,000원
백운거사 이규보의 문학인생	신용호 저	14,000원